Taschenschmöker aus Vergangenheit und Gegenwart

Taschenschmöker aus Vergangenheit und Gegenwart

Neu und wieder aufgelegt

Berlin 2017

Eine mexikanische Rache

Eine Erzählung aus dem wilden Mexiko von

Gustave Aimard

Aus dem Französischen von A. Wießner

Edition Dornbrunnen

Taschenschmöker aus Vergangenheit und Gegenwart

Übersetzung aus dem Französischen von A. Wießner
(Une vendetta mexicaine)
Nach der Ausgabe des Verlags von Christian Ernst Kollmann, Leipzig 1867
Behutsam modernisiert und an einer Stelle ergänzt

Korrekturen und Lektorat: Dirk Seliger

Die Deutsche Nationalbibliothek verzeichnet diese Publikation in der Deutschen Nationalbibliografie; detaillierte bibliografische Daten sind im Internet über
http://dnb.d-nb.de
abrufbar.

2. leicht ergänzte Auflage 2017

ISBN 978-3-943275-25-4

Sven-R. Schulz, Dornbrunner Straße 16, 12437 Berlin
www.edition-dornbrunnen.de
Titelgestaltung: Sven-R. Schulz unter Verwendung eines alten Stichs

Druck und Vertrieb: Book on Demand GmbH, Norderstedt
PNTS3

Inhalt

1. Die Choza[1]

Wenn man von Acapulco kommt, dehnt sich die Küste von Mexiko gegen Westen aus, sie ist niedrig und wird durch die Ufer von Coyuca gebildet; aber an der Spitze von Jequepa angelangt, erhebt sie sich ein wenig gegen Norden und man erblickt alsdann, ungefähr in einer Entfernung von zwanzig Meilen, den Morro de Petatlán, welcher, dank der zahlreichen Inseln, die ihn umgeben, selbst für die weniger erfahrenen Schiffer kenntlich ist.

Zwischen jener Landspitze und mehreren unbewohnten Inseln liegt der kleine Hafen von Siguantanejo[2].

Ein Punkt fast nur, der sich beinahe auf dieser unermesslichen Küste verliert, besteht dieser allein von Indianern bewohnte Hafen aus einigen Hütten, die ordnungslos auf dem Ufer gruppiert und aus einer Art Ziegelsteinen erbaut sind, welche aus nasser Erde, mit Stroh untermischt, bereitet und an der Sonne getrocknet werden. Die Hütten bieten einen der jammervollsten Anblicke dar. Ein kleines verfallenes Fort, auf welchem, wohl oder übel, die mexikanische Flagge schwebt und in dessen Schießscharten die verrosteten Schlünde einiger Kanonen ohne Lafette sich breitmachen, wird als Schutz betrachtet für den Eingang der ziemlich schwierigen Durchfahrt des Hafens.

Ein wenig außerhalb des Pueblos[3], halb verborgen inmitten grüner Baumgruppen von Palmen, Storax, Granatäpfeln und Tamarindenbäumen, ragen hier und dort einige reizende Häus-

---

[1] Hütte.
[2] Heute: Zihuatanejo.
[3] Spanisch für »Dorf«.

chen hervor, mit Dächern nach italienischer Art, welche das Eigentum reicher Kaufleute des Landes sind.

Dort, wie überall in Mexiko, geht der Reichtum mit dem tiefsten Elend Hand in Hand, und für die kühnen und wenig skrupellosen Spekulanten ist das Glück leicht.

Indes, ungeachtet des jammervollen Anblicks, der sich den erstaunten Blicken des Reisenden darbietet, ist Siguantanejo durchaus nicht wirklich arm. Es kann sogar als einer der reichsten Häfen dieser Region angesehen werden, denn seine Bewohner beuten drei außerordentlich ergiebige Handelszweige aus.

Erstens den im großartigen Maßstab organisierten Schmuggelhandel, ferner die Perlmuschelfischerei, da es solche Muscheln in den Anspülungen der Inseln im Überfluss gibt, und endlich die Salzernte, die von den zahlreichen Salinen herrührt, welche längs der Küste zerstreut liegen. Auch wird ein sehr ausgedehnter Küstenhandel getrieben und zu gewissen Zeiten des Jahres ist die Reede von Siguantanejo mit leichten Fahrzeugen bedeckt, die teils Ladung einnehmen, teils die notwendigen Lebensmittel für den Bedarf der Bewohner bringen.

Die Bevölkerung besteht also hauptsächlich aus Seeleuten und Schmugglern, eine Art Leute, deren leichte Moral die Eröffnung zahlreicher Pulquerias[1] nötig gemacht hat, die sich an allen Straßenecken ankündigen; und ferner öffentliche Bälle, deren kreischende Gitarren Tag und Nacht die Vorübergehenden mit ihren Ohren zerreißenden Tönen belästigen.

An dem Tag, an welchem unsere Geschichte beginnt, das heißt am 7. November 1862, herrschte, ganz gegen die Gewohnheit, ein tiefes Schweigen im Pueblo. Obwohl es noch kaum vier Uhr nachmittags war, waren die Straßen leer und die Läden geschlossen. Zwei abgetakelte und auf den Strand gelaufene Goéletten[2] zeigten kläglich ihren schwärzlichen mit Muscheln bedeckten Kiel, und man vernahm kein anderes Geräusch als das traurige und fortgesetzte Murmeln der auf den

[1] Tavernen in denen vor allem Pulque, ein mexikanischer Agavenwein, ausgeschenkt wird und die dafür bekannt waren, dass es in ihnen recht derbe zugehen konnte.

[2] Schnell segelnder Zweimaster; Schoner (Schiffstyp).

Ufersteinen sich brechenden Wogen und das Summen der unzähligen Myriaden von Moskitos, welche in den Strahlen der untergehenden Sonne kreisten. Der Himmel hatte eine kupferrote Farbe; die Hitze war erstickend, und dicke gelbe Wolken, aufgehäuft um den Gipfel des Morro de Petatlán, um welchen sie eine düstere Glorie bildeten, weissagten einen nahen Sturm, eine Art furchtbaren Scirocco[1], der jenen Gegenden eigentümlich ist und Cordonazo[2] genannt wird, welcher oft schreckliche Verwüstungen in den Regionen anrichtet, in denen er wütet.

Beinahe einen Büchsenschuss von dem Pueblo entfernt, in einer vollständig isolierten Lage am Ufer des Meeres, erhob sich ein Häuschen, dessen weiße Kalkwände und zierlicher Mirador[3] heiter von dem grünen Laub abstachen, in deren Mitte es verborgen lag. Eine lebendige Hecke von Kaktus und Aloe schloss es, außer auf der des Meeres, von allen Seiten ein. Dort befand sich auch ein mit Rohr gedeckter Bretterschuppen, der einem Boot zum Schutz diente, welches, obwohl es sich in diesem Augenblick nicht dort befand, dennoch dem Anschein nach von ziemlich großen Dimensionen sein musste.

Dieser Schuppen sprang bis zur Mitte des ganzen Raumes vor, mit dem es vermittelst einer hölzernen Fuge in Verbindung stand, in welcher der Kiel des Boots dahinglitt, sobald sein Eigentümer es aufs Trockene ziehen und unter Dach bringen wollte.

Nach mexikanischer Gewohnheit befand sich vor diesem Haus ein Portillo[4], unter welchem eine Hängematte aus Aloefäden hing. Im Garten liefen Hühner umher, und ein prächtiger, schwarz-weißer Neufundländer saß ernst auf seinen Hinterfüßen an der Tür des Hauses und schien, als wachsame Schildwache, über die Sicherheit seiner Bewohner zu wachen.

Mochten diese sein, wer sie wollten, ihr Haus hatte, obwohl es dem Äußeren nach bescheiden, selbst ärmlich war, etwas

[1] Heißer Wüstenwind, der aus der Sahara Richtung Mittelmeer weht.
[2] Tropischer Wirbelsturm an der mexikanischen Westküste.
[3] Hier: Erker; eigtl.: Aussichtspunkt.
[4] Portikus; Vorbau; hier im Sinne einer Veranda.

Heiteres, Angenehmes und Gastfreundliches, was man gern sah.

Die in dieser reizenden Eremitage[1] lebenden Bewohner mussten, wenn nicht vollständig glücklich – das vollkommene Glück kann auf dieser Erde nicht existieren – sich doch wenigstens eines reinen Gewissens erfreuen und ein ruhiges Leben führen, frei von jenen materiellen Verdrießlichkeiten, welche gewöhnlich unser trauriges Dasein trüben.

So war wenigstens der Eindruck, welchen der Fremde empfand, den der Zufall zu diesem Häuschen führte, und welcher im Vorübergehen einen verstohlenen Blick über die Hecke warf, die seine einzige Einzäunung bildete.

Der Neufundländer, welcher seit geraumer Zeit die Augen beständig auf das Meer geheftet hatte, das er von dem von ihm gewählten Platz leicht übersehen konnte, wandte plötzlich den Kopf rückwärts und erhob sich, mit dem Schwanz wedelnd und mit jenem halb unterdrückten Bellen, welches bei diesen verständigen Tieren ein unzweideutiges Zeichen der Freude ist.

Fast in demselben Augenblick erschien eine Frau auf der Türschwelle, die sich aller Wahrscheinlichkeit nach zu einem Ausgang anschickte.

Diese Frau war jung und schien kaum achtzehn Jahre alt. Außerdem war sie schön, von jener mächtigen und erregenden Schönheit der Kreolinnen andalusischer Rasse.

Von kleiner, selbst etwas schwächlicher Gestalt, aber bewunderungswürdig proportioniert, war sie stolz gewölbt in ihren vollen Hüften, was ihren geringsten Bewegungen etwas anmutig Biegsames gab und ihrer Haltung eine wollüstige Mattigkeit verlieh. Ihre großen blauschwarzen Augen, mit Brauen von untadelhafter Zeichnung überwölbt, ließen durch die Fransen ihrer langen samtartigen Wimpern Blicke voll zärtlicher Verheißungen hervorgleiten. Ihr lachender Mund mit leicht gehobenen Winkeln, von rosigen Lippen begrenzt, war mit einer Reihe blendend weißer Zähne besetzt; ihr durch die heißen

[1] Einsiedelei; einsam gelegenes Haus.

Liebkosungen der Sonne gebräunter Teint spielte in goldenen Reflexen.

Ihre Kleidung war einfach. Sie hatte ihre dicken und langen Haarflechten unter die Falten eines flatternden Rebozos[1] geborgen; ihr durchsichtiges, weißes Kleid aus Musselin, durch eine neugierige Meeresbrise etwas emporgehoben, erlaubte die Umrisse eines wohlgeformten Busens undeutlich zu erkennen; ihre Kinderfüßchen waren mit feinen Sandalen von Aloegarn bekleidet. Diese rührende unbewusste Grazie, dieses kindliche Gesicht, in dessen Linien sich ganz das Weib offenbarte, der jungfräuliche Ausdruck dieser reinen Physiognomie flößten Achtung ein.

In diesem Augenblick erhöhte noch ein Schatten von Melancholie und Unruhe, der über die Züge dieser Frau glitt, den geheimnisvollen Reiz, welcher von ihrer ganzen Person auszuströmen schien.

Sie war lässig und verstimmt auf der Türschwelle stehen geblieben. Die Schulter gegen die Einfassung der Tür gelehnt, ließ sie traurig ihre Blicke über das sich kräuselnde Meer schweifen, verloren in eine Welt von peinlichen Gedanken, die ihren Busen schwellten und große Tränen in ihre Augen lockten. Der Neufundländer hatte sich an sie gedrückt und leckte schweigend ihre herabhängende Hand.

Es lag ein ganzes Drama in dieser scheinbar so einfachen Szene.

Ungefähr zehn Minuten verflossen, ohne dass die junge Frau ihre Stellung änderte und sich aus der stummen Betrachtung, in welche sie versunken war, aufraffte.

Da hob der Hund plötzlich wieder den Kopf in die Höhe und ließ ein dumpfes Bellen hören.

»Was gibt es, mein guter Hund?«, fragte sie mit sanfter, harmonischer Stimme, indem sie sich zu ihm neigte und ihn leise liebkoste. »Wird er endlich kommen?«

Der Hund richtete seine intelligenten Augen auf seine Gebie-

[1] Mexikanisches Kleidungsstück für Frauen, das als Schal, Schulter- oder Kopftuch getragen werden kann.

terin und antwortete durch ein zweites Bellen, während er wieder und wieder mit dem Schwanz wedelte.

»Oh, er täuscht sich nicht«, murmelte sie. »Lindos Geruch ist unfehlbar, er hat Albino erkannt. Mein Gott, warum hat er so lange gezögert! Und Marcos!«, setzte sie hinzu und warf einen langen, traurigen Blick auf das Meer.

In diesem Augenblick ließen sich in einiger Entfernung die wohlklingenden sanften Töne einer frischen Stimme vernehmen. Es herrschte indessen eine so vollständige Stille, dass man sie deutlich verstehen konnte, da sie gleichsam wie ein Ruf durch den Raum klangen. Es war ein Couplet[1] aus einer alten spanischen Ballade.

Die junge Frau erbebte bei den ihr ohne Zweifel wohlbekannten Tönen dieser melodischen Stimme, und ein lebhaftes Rot überflutete plötzlich ihre Wangen.

»Er ist es!«, murmelte sie, indem sie die Hand auf ihr Herz legte, um das rasche Klopfen desselben zu unterdrücken. »Er ist es!«

Folgende Worte waren es, welche diese Stimme sang:

»*A Ximena y á Rodrigo*
Prendió el rey palabra, y mano,
De juntarlos para en uno
En presencia de Lain Calvo.
Las enemistades viejas
Con amor se conformaron,
Que donde preside el amor
Se olvidan muchos agravios.[2]«

Dies heißt auf Deutsch:

»Von Ximena und von Rodrigo
Nahm der König Wort und Handschlag,
Sie zur Einung zu verbinden

[1] Satirisches Lied.
[2] Romance Segundo; eigtl. aus: *Le Cid* (1636/37) von Pierre Corneille (1606–1684).

In der Gegenwart Lain Calvos;
Ihre alten Feindlichkeiten
Mit der Liebe sie vergaßen,
Denn wo Liebe führt den Vorsitz,
Werden Klag' und Schimpf vergessen.«

Der Gesang hatte sich rasch genähert, und das Geräusch von dem Galopp eines Pferdes mischte sich mit den letzten Silben des Couplets.

Die junge Frau machte eine Bewegung, als wollte sie hinausstürzen, aber plötzlich warf sie sich mit einem erstickten Schrei wieder zurück und schloss rasch die Tür des Hauses.

Eine leichte Piroge[1], in welcher zwei Männer saßen, hatte einen Felsvorsprung umsegelt und lief soeben auf den Sand, zehn Meter vom Haus entfernt.

Kaum knirschte das Vorderteil der Piroge auf dem Sand, als einer der beiden Männer mit einem Satz auf das Ufer sprang und sich an seinen in dem Fahrzeug zurückbleibenden Gefährten wendend sagte:

»Habt Dank, Compadre[2]. Werdet Ihr in Erwiderung der Gefälligkeit mit mir zu Abend essen?«

»Nein, Marcos«, antwortete der andere, »ich muss wieder zurück. Schaut den Himmel an. Ich werde kaum Zeit haben, vor dem Cordonazo wohlbehalten anzukommen.«

»Das ist allerdings wahr«, erwiderte Marcos. »So brecht denn auf, ohne länger zu zögern, und viel Glück!«

»Werdet Ihr kommen?«

»Vielleicht, ich bin noch nicht entschlossen.«

»Ihr würdet Unrecht tun, wenn Ihr Euch bei dieser Sache nicht beteiligt, es bietet sich nicht immer eine so gute Gelegenheit dar.«

»Freilich«, versetzte Marcos, indem er zu überlegen schien. »Es ist wahrscheinlich, dass ich gehen werde.«

»Gut, so ist es also abgemacht.«

---

1 Einbaum (Boot der Ureinwohner).

2 Freund, Kumpan.

»Ja, sofern keine unvorhergesehenen Ereignisse dazwischenkommen.«

»Auf Wiedersehen!«

Marcos stützte die beiden Hände auf das Vorderteil der Piroge, und mit einem kräftigen Stoß machte er sie wieder flott.

Sie entfernte sich sogleich und verschwand bald hinter der Felsspitze, von wo sie gekommen war.

Nachdem Marcos seinem Gefährten ein letztes Lebewohl zugewunken hatte, wandte er sich um, als wollte er seine Schritte zum Haus lenken.

In demselben Augenblick kam ein Reiter auf einem prächtigen schwarzen Pferd aus einem kleinen Gehölz hervor.

Die beiden Männer befanden sich einander gegenüber. Beide stießen gleichzeitig einen Ausruf der Überraschung aus – Marcos in spöttischem Ton, der Reiter in sichtbarer Verlegenheit.

Sie machten, wie in gemeinsamer Übereinstimmung, voreinander Halt und grüßten sich mit außerordentlicher Höflichkeit.

»Bei Gott! Señor Don Albino«, sagte Marcos mit einem versteckten Lächeln, »das ist ein glückliches Zusammentreffen.«

»Glücklich für mich, Señor Don Marcos«, erwiderte der Reiter mit einem abermaligen Gruß.

»Ich glaubte Sie nicht in dieser Gegend. Man hatte mir versichert, dass Sie auf einer langen Reise in das Innere begriffen seien.«

»So war in der Tat meine Absicht, Señor Don Marcos«, entgegnete Albino mit einem Lächeln, »aber Sie wissen wohl, der Mensch denkt und Gott lenkt.«

»Das heißt so viel, als dass Sie Ihre Meinung geändert und es offenbar vorgezogen haben, hier zu bleiben?«

»Nicht ganz, Señor, es hing in der Tat nicht von mir ab, dass sich diese Reise nicht verwirklichen ließ.«

»Ich verstehe. Von Ihrem Willen unabhängige Umstände haben Sie im Augenblick der Abreise zurückgehalten.«

»Ja, Señor.«

»Was wollen Sie, man muss sich zu dem entschließen, was

man nicht ändern kann. Aber verzeihen Sie diese indiskrete Frage, wie kommt es, dass ich Sie zu dieser späten Stunde so entfernt von Ihrem Rancho[1] treffe, während alles auf einen Cordonazo deutet?«

»Als ich mich auf den Weg machte, ließ nichts einen Sturm vermuten.«

»Da uns der Zufall so unvermutet zusammengeführt hat, werden wir uns nicht so ohne Weiteres trennen. Es ist spät, Ihr Rancho ist mehr als zehn Meilen von hier entfernt, ich biete Ihnen also für die Nacht Gastfreundschaft in meiner Choza an; morgen wird es ohne Zweifel schön sein, Sie werden mit Anbruch des Tages aufbrechen.«

»Entschuldigen Sie mich, Señor Don Marcos, dass ich Ihre freundliche Einladung ablehne«, antwortete Don Albino verlegen, »aber der Pueblo ist kaum wenige Schritte von hier, ich werde in zehn Minuten dort sein.«

»Warum lehnen Sie meine Einladung ab?«, fragte Don Marcos mit unmerklichem Stirnrunzeln. »Glauben Sie, dass sie nicht aufrichtig gemacht ist?«

»Keineswegs, Señor, ich kenne nur zu wohl die Redlichkeit Ihres Charakters, um einem solchen Gedanken Raum zu geben.«

»Nun, also?«

»Ich fürchte, Sie zu stören, das ist alles.«

»Sie scherzen, Don Albino. Kann ein Gast jemals störend sein? Wohlan, kommen Sie mit mir, ich lasse keine Entschuldigung gelten.«

Der Reiter blieb unbeweglich. Offenbar fand in seinem Inneren ein heftiger Kampf statt und sein Gesicht drückte eine lebhafte Angst aus. Don Marcos prüfte ihn verstohlen mit einem seltsamen Ausdruck.

In diesem Augenblick fuhr ein Blitz vom Himmel und ein dumpfes Donnerrollen ließ sich vernehmen.

»Das entscheidet die Frage«, begann Don Marcos von Neu-

[1] Bauernhof, Ranch.

em. »Das Gewitter beginnt. In einigen Minuten wird der Sturm mit Wut losbrechen, beeilen wir uns, unter das Dach zu kommen.«

»So sei es denn, da Sie es fordern«, antwortete Don Albino.

»So ist es recht!«, sagte Don Marcos lachend. »Ich wusste wohl, dass Sie sich entschließen würden.«

Sie setzten ihren Weg nebeneinander fort und lenkten auf das kleine Haus zu, welches kaum hundert Schritte von dem Ort entfernt war, an dem sie sich befanden.

Don Marcos schien vierundvierzig bis fünfundvierzig Jahre alt zu sein. Er hatte ein feuriges Auge und eine sorgenvolle Stirn. Trotz der Einfachheit seiner Seemannstracht schwächte nichts Gemeines den mächtigen Ausdruck der Gesichtszüge dieses Mannes, weniger imposant noch durch seine hohe Gestalt als durch den zugleich nachdenklichen, energischen und gebieterischen Charakter seiner edlen und schönen Physiognomie. Es lag in ihm etwas Stolzes und Sanftes, das verführte und beherrschte.

Don Albino war ein Mann von höchstens fünfundzwanzig Jahren. Seine Gesichtszüge waren fein und zart, sein Gesicht bleich, seine Stirn träumerisch, seine tiefblauen Augen gaben seiner Physiognomie einen weichen und sinnenden Ausdruck. Seine schlanke, biegsame und wohlgebaute Gestalt sowie die natürliche Eleganz seiner Gebärden machten ihn zu einem reizenden Kavalier. Das Ganze seiner Persönlichkeit war unbeschreiblich verführerisch. Sein langes blondes Haar fiel in dicken, seidenweichen Locken auf seine Schultern herab und er trug die reiche und anmutige Tracht der mexikanischen Campesinos[1]. Kurz, diese beiden Persönlichkeiten boten unter sich, wenigstens dem Physischen nach, den vollständigsten Kontrast dar.

Don Marcos hob den Drücker der Tür und trat in das Haus, gefolgt von Don Albino, der abgestiegen war und sein Pferd am Zügel führte.

[1] Bauer, Landbewohner; heute: Landarbeiter.

Was den Komfort betrifft, so sind die Mexikaner darin noch sehr zurück. Sie kennen keine Nebentüren, und die meisten ihrer Häuser sind so eingeteilt, dass man, um in den Stall oder Corral[1] zu gelangen, durch den Salon[2] gehen muss. Aber diese Unannehmlichkeit belästigt sie nur in sehr geringem Maße.

Das erste Gemach war leer. Selbst Lindo, der schöne Neufundländer, den wir dem Leser vorgestellt haben, hatte es verlassen.

Don Marcos warf einen raschen Blick um sich, öffnete eine Tür, welche in den Stall führte, und winkte seinem Gast, sein Pferd dort einzustellen, was dieser sich zu tun beeilte.

»Nun«, sagte Don Marcos, sobald der junge Mann zu ihm zurückgekehrt war, nachdem er sein Pferd abgesattelt und abgerieben hatte, »lassen Sie uns sehen, ob es uns möglich sein wird, zu Abend zu speisen.«

Und seine Stimme erhebend, rief er:

»Marcela!«

Das junge Mädchen erschien sogleich, ihr voraus der Hund, welcher mit einem Satz auf den Seemann lossprang und mit den Zeichen der lebhaftesten Freude seine großen Pfoten auf die Schultern desselben legte.

»Nieder, Lindo, nieder!«, sprach Don Marcos zu ihm, indem er ihn liebkoste. »Du bist ein gutes Tier. Genug, genug nun!«

»Du hast mich gerufen, lieber Vater?«, sagte das junge Mädchen mit leiser und leicht zitternder Stimme.

Don Marcos runzelte die Stirn. Dennoch antwortete er sanft:

»Ja, mein Kind, ich bringe dir einen Gast mit, behandle ihn so gut, als du irgend vermagst. Er wird die Nacht hier zubringen, und man muss daher ein passendes Zimmer für ihn in Bereitschaft setzen.«

»Eine Hängematte wird genügen«, bemerkte Don Albino. »Wenn es sein muss, würde ich sehr gut auf meiner Montura[3] schlafen.

[1] Pferdekoppel; Fanggehege.

[2] In diesem Fall eine Art Haupt- bzw. Wohnraum der mexikanischen Bauernhäuser.

[3] Sattel.

»Mein lieber Don Albino«, entgegnete Marcos freundlich, »Sie sind mein Gast. Ich bitte Sie daher, lassen Sie mich nach meinem Gefallen handeln.«

Der junge Mann verneigte sich, ohne etwas zu erwidern.

»Marcela, mein liebes Kind«, begann Don Marcos, »ist das Abendessen bereit?«

»Es erwartet dich, mein Vater«, erwiderte sie.

Seltsam! Jedes Mal, wenn das junge Mädchen diese beiden so einfachen Worte »mein Vater« aussprach, glitt ein Zucken über das Gesicht des Seemannes und seine schöne Physiognomie verfinsterte sich plötzlich.

»So lasse denn für uns auftragen«, sagte er, und sich zu Don Albino wendend, fügte er hinzu: »Entschuldigen Sie mich, dass ich Sie kurz verlasse, in einem Augenblick werde ich Ihnen ganz gehören.«

Und ohne die Antwort des jungen Mannes abzuwarten, verließ er den Saal.

Albino und Marcela blieben allein.

»Oh!«, rief sie aus. »Unvorsichtiger, warum seid Ihr hierhergekommen?«

»Er hat es so gewollt«, erwiderte er einfach. »Ich habe nicht die Kraft gehabt, zu widerstehen. Ich bin so glücklich, wenn ich Euch sehe.«

»Seht Ihr mich denn nicht jeden Tag?«, entgegnete sie im Ton eines sanften Vorwurfs.

»Allerdings«, versetzte er zärtlich, »aber nur verstohlen einen Augenblick, kaum einige Minuten. Und fern von Euch, Marcela, bin ich so unglücklich.«

»Ich habe Euch heute vergebens erwartet.«

»Wenn Ihr wüsstet, wie sehr ich gelitten habe, dass ich nicht eher kommen konnte. Ich hatte auch nicht den Mut, das Anerbieten, welches mir gemacht wurde, zurückzuweisen, einige Stunden bei Euch unter demselben Dach zuzubringen. Verzeiht mir, Marcela.«

Das junge Mädchen seufzte.

»Ach«, murmelte sie in bekümmertem Ton, »ich weiß nicht

weshalb, aber ich fühle ein solches Beben. Wider Willen zittere ich. Ich bitte Euch darum, Albino, brecht wieder auf, ich habe das Vorgefühl eines Unglücks.«

»Aufbrechen!«, rief er schmerzlich. »Oh, Marcela, könnt Ihr mir befehlen, Euch zu fliehen?«

»Es muss sein, Albino, es muss sein. Ihr kennt Don Marcos, wenn er um unsere Liebe wüsste, würde er Euch töten.«

»Ach, was ist mir der Tod, wenn ich getrennt von Euch leben soll, Marcela, die Ihr alles für mich seid.«

Eine Tür öffnete sich und Don Marcos trat ein. Sein Gesicht war bleich, obwohl der Ausdruck seiner Physiognomie ruhig blieb. Er überschaute die beiden jungen Leute mit einem Blick, dessen flammender Blitz sie erbeben ließ, sodass sie sich verwirrt voneinander entfernten.

Aber der Seemann schien die Verlegenheit der jungen Leute nicht zu bemerken. Er wandte sich zu Marcela und sagte lächelnd zu ihr:

»Nun, wir speisen also nicht?«

»Ja, ja, mein Vater«, erwiderte sie stammelnd.

Und sie verließ schleunig das Zimmer.

»Entschuldigen Sie sie, lieber Don Albino«, bemerkte er gutmütig. »Marcela ist ein verwöhntes Kind, welches die Einsamkeit, in der es lebt, ein wenig verwildert hat. Aber seien Sie überzeugt, dass sie zu gut die Pflichten der Gastfreundschaft kennt, um nicht alles zu tun, was in ihren Kräften steht, um Sie gut aufzunehmen.«

Vollständig außer Fassung gebracht durch den Ton, mit dem diese Worte ausgesprochen wurden, antwortete Don Albino durch unbestimmte Höflichkeitsformeln, ohne dass es ihm gelang, seine Verwirrung vollkommen zu verbergen.

2. Don Marcos

Der Sturm war endlich losgebrochen. Die entfesselten Elemente kämpften mit einer Wut ohne Gleichen. Der Cordonazo wütete mit unerhörter Gewalt, Blitze mischten sich durch ein fortgesetztes Rollen mit dem Pfeifen des Windes und dem dumpfen Grollen des Meeres, dessen ungeheure Wellen das Ufer, an dem sie sich mit raschen Schlägen brachen, mit Gischt bedeckten. Stromweise prasselte der Regen auf das Dach und an die Fensterscheiben des Häuschens, welches der Sturm bis in seine Grundfesten erschütterte. Es herrschte eine dichte Finsternis, alles schien umgestürzt, verwüstet, es war eine furchtbare Nacht.

Die drei in der Choza vereinigten Personen wechselten, erregt durch die ungewöhnliche Heftigkeit des Sturmes, nur selten einige Worte miteinander.

Das Abendessen war trübselig.

Die beiden Männer aßen, während sie sich ganz ihren Gedanken überließen. Marcela kniete unterdessen vor einer Statue der Nuestra Señora de Guadalupe[1], der Schutzpatronin von Mexiko, welche in einer Ecke des Zimmers stand, und betete mit Inbrunst.

Endlich schob Don Marcos den vor ihm stehenden Teller von sich, zündete eine Zigarre an und bot seinem Gast eine zweite, welcher sie mechanisch annahm.

»Es wird eine harte Nacht werden«, sagte er, indem er eine ungeheure Wolke empor blies. »Wehe den Schiffen, welche sich bei einem solchem Cordonazo in der Nähe der Küste befinden. Morgen werden wir sie mit klaffenden Flanken sehen.«

»Ist denn heute Abend irgendein Schiff in Sicht?«, antwortete Don Albino, ohne zu wissen, was er sagte.

»Das kann ich nicht behaupten. Ich glaube eins bemerkt zu haben, aber in sehr großer Entfernung. Es könnte möglich sein, dass ich den Flügel eines Teufels mit dem Segel eines Schiffes verwechselt habe.«

»Oh! Oh! Sie setzen mich in große Verwunderung, Don

[1] Unsere Liebe Frau von Guadalupe; dabei handelt es sich um eine Darstellung der Jungfrau Maria, die zwischen dem 9. und 12. Dezember 1531 angeblich viermal dem Indio Juan Diego Cuauhtlatoatzin (1474–1548) erschienen ist.

Marcos, indem Sie so sprechen. Das Auge eines Seemanns, wie Sie es sind, ist zu unfehlbar, um sich täuschen zu lassen.«

Don Marcos lächelte mit schlauer Miene und gab keine Antwort. Nach einer Weile fing er wieder an:

»Wir befinden uns in der Zeit, wo die Schiffe einlaufen. Kein Fahrzeug, wenn jenes nicht ein solches ist, wird zu dieser Zeit erwartet, und der, welcher es kommandiert, ist ein zu alter Meerwolf, als dass er den Cordonazo nicht wenigstens fünf bis sechs Stunden vor seinem Ausbruch gefühlt haben sollte.«

»Kennen Sie den Namen dieses Schiffes?«

»Bei Gott, das versteht sich, da ich Ihnen von dem Kapitän erzähle. Es ist die ›Erlösung‹, eine Brigg-Goélette von San Blas[1].«

Marcela stieß ein leises Wehklagen aus und warf verstohlen einen langen und traurigen Blick auf Don Marcos. Dieser fuhr fort:

»Was denken Sie, Señor Don Albino, der Sie, wie man sagt, ein *tierras adentro*[2] sind, von unseren Stürmen an der Meeresküste?«

»Diejenigen, welche Ihnen gesagt haben, Don Marcos, dass ich aus den Provinzen des Landesinneren sei, haben sich getäuscht. Ich bin im Gegenteil ein Costeño[3]. Meine Kindheit verlief in den Hafenplätzen des Meeres, und fast meine ganze Jugend habe ich auf den beiden Ozeanen zugebracht. Wenn ich auch jetzt kein Seemann mehr bin, so bin ich wenigstens lange Zeit ein solcher gewesen.«

Don Marcos richtete sich plötzlich auf, sein wildes Auge schleuderte Blitze.

»Sie sind Seemann!«, rief er aus.

»Weshalb nicht?«, entgegnete der junge Mann friedlich. »Sie sind es doch auch.«

»Allerdings«, antwortete er mit düstrer Stimme. »Aber ich bin kein Seemann, wie man die Gewohnheit hat, nach diesem

---

[1] Fischerdorf an der mexikanischen Pazifikküste, weit nördlich von Siguantanejo.
[2] Bewohner des Landesinneren.
[3] Küstenbewohner.

Worte anzunehmen. Ich bin nur ein bescheidener Perlenfischer.«

Jetzt lächelte der junge Mann seinerseits.

Dieses Lächeln wurde von Don Marcos aufgefangen.

»Sprechen wir offen«, sagte er.

»Ich wünsche nichts anderes«, entgegnete Don Albino.

»Sie werden offen meine Frage beantworten?«

»Ebenso offen, wie Sie die meinigen beantworten werden.«

»Ah!«, sprach Don Marcos mit unterdrückter Heftigkeit. »Sie legen mir Bedingungen auf.«

»Keineswegs, ich begnüge mich, nur vollständige Gleichheit zu fordern.«

Don Marcos erhob sich rasch vom Tisch und ging wohl zehn Minuten mit gesenktem Kopf und über der Brust gekreuzten Armen im Raum auf und ab. Endlich blieb er vor Marcela stehen und berührte leicht ihre Schulter.

Das junge Mädchen erbebte und wandte sich rasch zu ihm um.

»Was wünschst du, mein Vater?«, fragte sie mit sanfter Stimme.

Don Marcos stampfte zornig mit dem Fuß, aber er beherrschte sich sogleich wieder und sagte:

»Liebes Kind, geh auf dein Zimmer, es ist spät. Du wirst dich dort besser befinden als hier.«

Das junge Mädchen stand auf, und ohne ein Wort zu sprechen, ging sie hinaus, gefolgt von Lindo, der die Aufgabe zu haben schien, ihr beständiger Schatten zu sein.

Es verflossen einige Minuten, die beiden Männer schwiegen noch immer, während sie sich verstohlen beobachteten.

Don Marcos brach zuerst das Schweigen.

Er setzte sich wieder dem jungen Mann gegenüber und sagte, nachdem er ihm ein Glas Branntwein eingegossen hatte:

»Sie sind also Seemann?«

»Ich bin es gewesen«, antwortete dieser, ziemlich erstaunt über die Wendung, welche sein Wirt der Unterredung geben zu wollen schien.

»Oh, ich bin überzeugt, dass Sie im Fall der Not nicht in Sorge sein würden, sich aus der Verlegenheit zu ziehen.«

»Das ist wahrscheinlich«, erwiderte der junge Mann, immer mehr erstaunt.

Marcos leerte sein Glas und nachdem er es wieder auf den Tisch gestellt, sagte er lächelnd:

»Sie sind ein hübscher Bursche, Don Albino, und die hübschen Burschen lieben die schönen Mädchen, nicht wahr?«

»Was wollen Sie damit sagen?«

»Je nun«, sprach er gutmütig, »ich bin nur ein gemeiner Seemann, halb Fischer, halb Schmuggler, wie alle Küstenbewohner. Aber Gott hat mir zwei Augen gegeben und ich sehe klar, das ist alles.«

»Ich verstehe Sie nicht«, stammelte der junge Mann.

»Ei, im Gegenteil, Sie verstehen mich sehr gut. Sie sind ein guter Jäger, und die Lockspeise, welche Sie anzieht, ist nicht weit von hier.«

»Ich versichere Ihnen …«

»Lassen Sie das, ich wiederhole Ihnen, ich bin nicht blind. Überdies liegt nichts Böses darin, zum Teufel! Es ist ein Naturgesetz. Ich gestehe Ihnen, dass Ihre Besuche mich ärgerten. Es missfiel mir, Sie immer um das Haus streifen zu sehen, ich fragte mich, wie es käme, dass ein junger Mann wie Sie, reich, wie man sagt, plötzlich eine so tiefe Vorliebe für diese so traurige Gegend gefasst hatte. Jetzt ist mir alles klar. Sie sind Seemann, es ist das Meer, welches Sie angezogen hat. Der Zufall hat Ihnen ein junges Mädchen in den Weg geführt und Sie sind wieder gekommen. Ist es nicht so? Lassen Sie hören, sprechen Sie offen.«

Und indem er so sprach, war der Ausdruck der Physiognomie Don Marcos' so wohlwollend, dass der junge Mann sich dadurch täuschen ließ.

»Sie könnten richtig geraten haben, Don Marcos«, erwiderte er lächelnd.

»Ei, ich bin dessen gewiss.«

»Im Fall, dass Ihre Vermutungen richtig wären, welche Antwort würden Sie mir geben?«

»Vor allem, sind sie wahr?«

»Nehmen wir an, dass sie es sind.«

»Also Sie sind es.«

Albino machte eine bejahende Gebärde.

»Wohlan, junger Mann«, versetzte Don Marcos, »ich werde kurz sein. Sie gefallen mir, erstens weil Sie jung und redlich, und dann, weil Sie Seemann sind, und da vor allen Dingen nur ein Seemann mir genügen kann. Ich will, dass der Mann, mit welchem ich eine Verbindung eingehe, von meinem Metier und fähig ist, mir im Fall des Bedürfnisses beizustehen, sei es bei der Perlenfischerei, sei es anderswo. Sie verstehen mich?«

»Vollkommen.«

»Und das wird Ihnen immer anstehen?«

»Immer.«

»Gut! Nun also, Sie lieben Marcela?«

»Ich liebe sie, ja.«

»Und … liebt sie Sie auch?«

Don Albino zögerte.

»Nun?«, begann Don Marcos wieder mit einer gewissen Lebhaftigkeit. »Sie antworten nicht auf meine Frage.«

»Weil ich auf dieselbe nicht antworten kann.«

»Warum das?«

»Ei, ich kenne den Zustand meines Herzens, nichts aber berechtigt mich, ebenso bestimmt über die Gefühle Doña Marcelas für mich zu entscheiden.«

»Hm«, meinte Don Marcos, »das ist nicht klar.«

»Verzeihen Sie mir. Ich glaube, dass Doña Marcela mich nicht ungern sieht, das ist alles. Überdies, fragen Sie sie selbst. Sie wird Ihnen antworten, sie ist Ihre Tochter.«

»Marcela ist nicht meine Tochter!«, rief Don Marcos, indem er mit der Faust zornig auf den Tisch schlug.

»Wie!«, rief der junge Mann überrascht aus. »Doña Marcela ist nicht Ihre Tochter?«

Don Marcos biss sich heftig auf die Lippen, aber dank der ihm eigenen Willenskraft gelang es ihm, seine Aufregung zu beherrschen, denn er fasste sich sogleich.

»Sie wissen es nicht? Das ist sonderbar«, begann er wieder. »Jedoch, da Sie ein Dutzend Meilen von hier im Inneren wohnen, so ist es wohl möglich. Nein, Marcela ist nicht meine Tochter. Das arme Kind ist eine Waise. Und da wir einmal bei diesem Gegenstand sind, so ist es besser, dass ich Sie sogleich damit bekannt mache und Ihnen mit wenigen Worten die Geschichte dieser lieben Kleinen erzähle. Auf Ihre Gesundheit!«

Er stieß mit seinem Glas gegen das von Don Albino und fuhr fort:

»Es ist eine traurige Geschichte, die Sie hören werden, obwohl einfach und kurz. Es sind seitdem zwanzig Jahre verflossen. Ich war damals vierundzwanzig Jahre alt und Seemann, wie ich es heute noch bin. Mein Vater, ein alter Soldat der Unabhängigkeit, für welche er tapfer gekämpft hatte, unter dem Befehl von Hidalgo[1], von Morelos[2] und anderen Helden, welche diese glorreiche Epoche berühmt gemacht haben, hatte sich einige Meilen von hier zurückgezogen in einen am Ufer des Meeres erbauten Pueblo und dort sein altes Metier eines Perlmuschelfischers wieder aufgenommen. Mein Vater zeigte sich gewöhnlich traurig, finster und schweigsam. Meine Mutter war bei meiner Geburt gestorben. Er hatte auf mich alle Zuneigung übertragen und erzog mich mit einer Zärtlichkeit und peinlichen Sorgsamkeit, welche man bei einem alten Soldaten wie ihm, dessen Herz im Feuer von hundert Schlachten gehärtet worden war, nicht erwartet haben würde.

Wir lebten in Zurückgezogenheit, allein in einem Häuschen, welches, wie dieses hier, außerhalb des Dorfes lag. Ich war damals zehn Jahre alt. Schon seit zwei Jahren begleitete ich meinen Vater zum Fischen. Eines Abends, als wir in unseren Rancho zurückkehrten, fanden wir alle Türen und Fenster des Hauses offen und den Eingang des Salons von vier Personen besetzt. Diese vier Personen waren ein Greis von ungefähr sech-

[1] Miguel Gregorio Antonio Ignacio Hidalgo y Costilla y Gallaga Mondarte Villaseñor (1753–1811) war ein mexikanischer Priester, Gelehrter und Revolutionär.

[2] José María Morelos y Pavón (1765–1815) war mexikanischer Priester und Revolutionär.

zig Jahren, aber noch gerade und kräftig, mit pergamentartiger Hautfarbe und knochigen Zügen, eine junge Frau von krankhafter Schönheit und zwei Kinder; ein kleines Mädchen von kaum einigen Monaten, welchem die junge Frau die Brust gab, und ein Knabe von elf oder zwölf Jahren, der, mit einer Reata[1] versehen, sich darin übte, eine Flasche zu fangen.

Wir waren oft acht bis zehn Tage von unserem Rancho abwesend, und während dieser Zeit blieb das Wenige, das wir besaßen, wie es in diesem Land die Gewohnheit ist, der öffentlichen Redlichkeit anvertraut.

Mein Vater zeigte keinen Verdruss, als er unsere Wohnung so besetzt fand. Er beeilte sich, seine Netze wegzulegen und trat darauf in das Haus.

Als ihn der Greis erblickte, erhob er sich vom Equipal[2], auf welchem er saß, und eilte mit offenen Armen auf ihn zu.

›Schon seit vier Tagen erwarte ich dich, Jacinto‹, sagte er, – mein Vater hieß Jacinto – ›ich verzweifelte fast an deiner Rückkehr.‹

Als mein Vater diese Stimme vernahm, deren Töne ihm wohlbekannt waren, stieß er einen Ausruf der Überraschung und Freude aus. Er eilte auf den Fremden zu, der ihn mit seinen Armen umschlang.

Nach einer langen Umarmung gingen die beiden Männer in ein anderes Gemach, wo sie länger als zwei Stunden verweilten.

Aber«, unterbrach sich Don Marcos, »diese Geschichte ist wenig interessant für Sie. Ich lasse mich wider Willen durch meine Erinnerungen hinreißen. Ich will versuchen, mich kurz zu fassen.«

»Verzeihung«, erwiderte Albino, »ich höre Ihnen im Gegenteil mit dem lebhaftesten Interesse zu.«

»Dieser Greis nannte sich Eustachio Calderon. Er war ein alter Waffengefährte meines Vaters. Zehn Jahre hatten sie nebeneinander gegen die Spanier gekämpft. Don Eustachio, der Witwer war und einen Sohn besaß, hatte ferner die Tochter

[1] Lasso der Vaqueros, der mexikanischen Cowboys.
[2] Mit Fell oder Leder überzogener Stuhl oder Sessel aus Flechtwerk.

seines Bruders zu sich genommen, welcher in einer in diesem Lande so gewöhnlichen Streitigkeit getötet worden war. Er hatte den Entschluss gefasst, die Provinz Puebla zu verlassen, – wohin sie sich anfangs zurückgezogen hatten – da sie ihm so unheilvolle Erinnerungen zurückrief, und seinen alten Freund aufzusuchen, bei dem er seine Tage beschließen wollte. Mein Vater nahm mit Freuden die ihm von Don Eustachio gemachten Eröffnungen entgegen und dieser richtete sich in dem Hause ein. Doña Paula, seine Tochter, übernahm die Führung des Haushalts. Der alte Soldat wachte über das Haus, und Rafael, sein Sohn, für den ich vom ersten Augenblick an eine große Freundschaft gefasst hatte, folgte meinem Vater und mir zur Fischerei.

So verflossen fünfzehn Jahre. Es waren die glücklichsten Jahre meines Lebens. Don Eustachio war gestorben und hatte das Wenige, das er besaß, meinem Vater vermacht und ihm seine Nichte empfohlen sowie ihre Tochter Antonia, schon ein großes und schönes Kind, dessen schwarze Augen mir das Herz klopfen ließen, sobald sie sich mit einem Ausdruck unaussprechlicher Zärtlichkeit auf mich richteten. Eines Tages, als Rafael und ich allein auf die Fischerei ausgezogen waren, gestand mir mein Freund, der etwas älter war als ich, seine Liebe für seine Cousine. An der schmerzlichen Aufregung, welche mir dieses unvermutete Vertrauen verursachte, an der plötzlichen Kälte, welche mein Herz erstarrte, erkannte ich, dass auch ich sie liebte.

Ach, Antonia war so schön, dass es unmöglich anders sein konnte.

Es gelang mir nur mit großer Mühe, meine Aufregung zu beherrschen. Indes vermochte ich dennoch meinen Schmerz so zu verbergen, dass Rafael nichts davon bemerkte. Den ganzen Tag über sprach mein Freund zu mir von seiner Liebe mit jener umständlichen Selbstgefälligkeit, welche den Liebenden eigen ist, sobald es sich um den geliebten Gegenstand handelt. Rafael hatte keine Ahnung von der Folter, die er mir auferlegte. Wenn er meine Gefühle für Antonia gekannt hätte, so war seine

Freundschaft für mich so aufrichtig, dass er vielleicht in der Furcht, mich unglücklich zu machen, versucht haben würde, nicht Antonia zu vergessen, – das ging über menschliche Kräfte – sondern auf sie zu verzichten. Aber ich spielte so gut den Gleichgültigen, dass Rafael dadurch vollständig getäuscht wurde. Er ging selbst so weit, mir meine Unempfindlichkeit vorzuwerfen. Die Nacht, welche ich zubrachte, war furchtbar. Am nächsten Morgen war mein Entschluss gefasst.

Ich verließ mein Bett etwas vor Sonnenaufgang und mit der größten Vorsicht, um niemanden aufzuwecken, verließ ich das Haus, entschlossen, mich für immer daraus zu entfernen. Ein amerikanischer Walfischfahrer war auf der Reede, ich wusste, dass er Matrosen brauchte. Ich stellte mich dem Kapitän vor, der mich annahm. Zwei Stunden später war das Schiff unter Segel und entfernte sich, von einer guten Brise getrieben, in der Richtung der Nordostküste, wo es seine Kreuzfahrt halten wollte.«

Don Marcos hielt inne. Er stand auf, nahm aus einem Schrank eine Flasche, die er auf den Tisch stellte, und sagte, nachdem er sie aufgemacht hatte:

»Finden Sie nicht ebenfalls, dass der Branntwein Ekel erregt? Lassen Sie uns einen Refino de Catalunna[1] trinken. Dieser hier ist vortrefflich, er wird uns wieder munter machen.«

Don Albino hielt schweigend sein Glas hin, die beiden Männer stießen an und leerten ihre Gläser mit einem Zug bis auf den letzten Tropfen.

»Und dann?«, fragte Don Albino nach einer Weile, als er sah, dass sein Wirt schwieg.

»Es ist wahr, ich bin noch nicht zu Ende«, entgegnete dieser. »Hören Sie also weiter.«

Seine Stimme war kurz, ihr abgebrochener Ton deutete auf ein inneres Leid; sein Gesicht blieb indes ruhig.

»Drei Jahre verflossen«, fuhr er fort. »Während dieser Zeit machte ich beinahe eine Reise um die Welt. Bald segelte ich mit

[1] Likörwein aus Katalonien (Spanien).

den Engländern, bald mit den Franzosen, am häufigsten mit den Nordamerikanern.

Während dieser drei Jahre erhielt ich keine Nachricht, weder von meinem Vater noch von Rafael. Wer sollte sie mir auch gegeben haben? Auf meinen unsteten Streifereien hatte ich, fortgerissen durch die Beispiele unserer Gefährten und zugleich durch den Wunsch, meine Liebe zu vergessen, mein Herz abgestumpft. In allen Häfen, welche unser Schiff anlief, brachte ich mein Leben in Orgien zu, ohne Zweck und ohne Lust, überließ mich denselben mit einer fieberhaften Heftigkeit, während sie mich nachher erröten ließen. Eines Tages ging das Schiff, an dessen Bord ich mich befand, in San Blas[1] vor Anker.

Ich habe Ihnen gesagt, dass seit meiner Abreise drei Jahre verflossen waren. Die Liebe lebt überall von der Hoffnung. Die meinige hatte keine, ich glaubte sie daher tot. Es war das erste Mal, dass ich einen Hafen von Mexiko berührte. Seit meiner Flucht hatte ich meine Vorsichtmaßregeln stets so getroffen, nicht in mein Land zurückzukehren. Dieses Mal waren diese Maßregeln durch den Zufall vereitelt worden. Ein Schaden im Unterwerk des Schiffes, infolge eines Sturms, hatte dasselbe genötigt, auf das Schleunigste einen Schutz zu suchen, wo es ausgebessert werden konnte. Ich weiß nicht, welche Gedanken mir durch den Kopf fuhren, als ich die mexikanische Küste erblickte. Eine Art Trunkenheit oder vielmehr Wahnsinn bemächtigte sich meiner, und ich hatte nur noch einen Wunsch, meinen Vater wiederzusehen, den ich so feige verlassen und welchen meine Abreise vielleicht in Verzweiflung versetzt hatte. Von meiner Liebe – nichts. Der Gedanke kam mir nicht einmal. Ich wiederhole Ihnen, sie war wirklich tot.«

Don Marcos machte eine neue Pause, sein Gesicht war leicht erbleicht, seine Brauen zogen sich ohne Zweifel unter der Gewalt der Erinnerungen zusammen, welche er wieder erweckte. Er goss sich ein weiteres Glas Refino ein, welches er mit einem Zug leerte.

[1] Fischerdorf an der mexikanischen Pazifikküste, nördlich von Siguantanejo.

»Ich bat den Kapitän um meinen Abschied«, fuhr er fort. »Er machte einige Schwierigkeiten, ihn mir zu bewilligen, indes willigte er endlich ein. Ich stieg an Land. Da mein Gürtel gut mit Gold gespickt war, ward es mir leicht, mich rasch für die Reise, die ich zu Land machen wollte, auszustatten. Ich weiß nicht, welche Macht mich antrieb, welches Vorgefühl mich anregte, mich zu beeilen. Es schien mir, der ich länger als drei Jahre so vollständig Verwandte und Freunde vergessen hatte, dass meine Gegenwart denen, die ich aufsuchen wollte, unumgänglich nötig sei und dass, wenn ich mich nicht sogleich auf den Weg machte, ich zu spät kommen würde.

Am nächsten Morgen verließ ich auf meinem vortrefflichen Pferd San Blas. Da der Weg, den ich zurückzulegen hatte, lang und wenig besucht war, und da ich außerdem ungefähr zweihundert Unzen[1] bei mir trug, – eine ziemlich große Summe, welche meine Ersparnisse beinhaltete, – so hatte ich mich mit Waffen versehen, um mein Leben zu verteidigen, wenn ich angegriffen werden sollte. Überdies ist man in Amerika nicht gewöhnt, eine Reise zu unternehmen, ohne die Mittel bei sich zu führen, sich auf dem Weg den Respekt zu erhalten.

Indessen, gegen meine Vermutungen, begegnete mir nichts Ungewöhnliches. Ich ritt schnell und machte nur die durchaus nötige Zeit Halt, um mein Pferd ausruhen zu lassen. Seit kaum vierzehn Tagen war ich von San Blas aufgebrochen, und schon befand ich mich inmitten mir bekannter Gegenden. Je mehr sich die Entfernung verminderte, welche mich von dem Rancho trennte, umso mehr fühlte ich meine Unruhe und meine Angst wachsen und desto eiliger trieb ich mein Pferd an. Endlich erreichte ich eines Morgens den Eingang eines Chaparrals[2], der höchstens zehn Meilen von der Wohnung meines Vaters entfernt lag. Obwohl mein Pferd von dem langen Ritt sehr ermüdet war, so konnte ich dennoch hoffen, gegen Abend das Ziel meiner Reise zu erreichen.

Indessen erwies es sich, dass ich die Entfernung, die mir zu-

[1] Unze: Maßeinheit der Masse, heute vor allem noch bei Edelmetallen verwendet.
[2] Dichtes, nahezu undurchdringliches Wald- und Strauchgebiet.

rückzulegen übrig blieb, schlecht berechnet hatte oder dass mein Pferd erschöpfter war, als ich glaubte; denn es war später als zehn Uhr abends, als ich aus einem Hohlweg kam, der sich etwa fünfhundert Schritte von dem Rancho öffnete, dessen Licht ich in der Ferne leuchten sah. Bei diesem Anblick fühlte ich mein Herz vor Freude beben, und ich drückte meinem Pferd die Sporen in die Weichen und mit einer letzten Anstrengung setzte es sich in Galopp. Plötzlich verschwanden die Lichter, auf welche meine Augen gerichtet waren. Wider meinen Willen erbebte ich und ein kalter Schweiß brach auf meiner Stirn aus. Fast in demselben Augenblick hörte ich zwei Schüsse, die so dicht aufeinander folgten, dass sie fast in einen einzigen verschmolzen. Darauf folgte der wütende Galopp dahinsprengender Pferde, welche wie düstere Schatten an mir vorüberflogen.

Eilig ritt ich auf den Rancho zu, mit dem dunklen Vorgefühl eines Unglücks. Ich hatte ihn erreicht, als mein Pferd einen raschen Seitensprung machte und niederstürzte.

Da ich auf der Hut war, hatte ich keine Verletzung davongetragen. Ich erhob mich wieder und eilte, meine Flinte in der Hand, auf den Rancho zu, ohne weiter an mein Pferd zu denken.

Auf der Schwelle des Hauses strauchelte ich in der Dunkelheit über ein Hindernis, welches mir den Weg versperrte.

Ich bückte mich. Es war der Körper eines Mannes, der vor der Tür bewegungslos ausgestreckt lag. Meine Hände, die ich auf ihn gelegt hatte, waren voll Blut.

Ein Mord war begangen worden.

Einen Augenblick blieb ich vor Entsetzen regungslos, dann, nach einer äußersten Willensanstrengung, stürzte ich ins Haus.

In demselben Moment vernahm ich das Losdrücken einer Flinte, und ich erhielt einen Schuss in die Brust.

›Mein Vater! Mein Vater! Ich bin es‹, rief ich.

Ein Schrei der Verzweiflung antwortete meinem Ausruf, und mein Vater – denn er war es, der geschossen hatte – stürzte auf mich zu. Selbst tödlich verwundet fing er mich in seinen Armen auf.

Ich wurde ohnmächtig.«

Don Marcos hielt mit einem tiefen Seufzer inne.

3. Die Entdeckung

Draußen hatte der Sturm seine größte Heftigkeit erreicht. Der Regen peitschte gegen die Fensterscheiben und der Wind heulte durch die Zweige der Bäume, welche mit unheimlichem Geräusch aneinanderschlugen. Die Wellen des Meeres brachen mit Wut gegen das Ufer und der Donner rollte mit furchtbarem Getöse. Es war eine finstere und schreckliche Nacht, ganz bevölkert mit Phantomen.

Die beiden Männer, welche einander beim matten Schein eines qualmenden Talglichts gegenübersaßen, dessen Flamme vom Wind bewegt wurde, schwiegen noch immer.

Mechanisch leerte Don Marcos sein Glas, welches er sogleich wieder füllte. Er schien in dem übermäßigen Genuss des Weins ein Mittel zu suchen, den brennenden Schmerz zu dämpfen, welchen er durch seine düsteren Erinnerungen heraufbeschworen hatte.

Indessen schien der Refino, ungeachtet seiner Stärke, keine Wirkung auf Don Marcos' mächtige Konstitution zu haben, seine Stirn war noch immer so bleich, seine Augen ebenso glänzend, seine Worte ebenso klar.

»Nun«, fragte ihn Don Albino, »was geschah dann?«

Don Marcos hob den Kopf rasch wieder in die Höhe und blickte den Sprecher mit seltsamem Ausdruck an.

»Etwas Furchtbares«, begann er von Neuem mit hohler Stimme. »Als ich wieder zu mir kam, war es Tag, die Sonne sandte ihre blendenden Lichtgarben durch die offenen Fenster und Türen, die Vögel sangen heiter unter dem Laub. Der Leichnam meines Vaters lag neben mir. Nicht weit von mir bemerke ich den von Rafael.

Unsere beiden indianischen Diener lagen mit zerspaltenem Schädel in der Mitte des Saals. Die zerschlagenen Möbel waren hier und dort zerstreut. Es musste etwas Entsetzliches in diesem Haus geschehen sein, dessen Anblick von außen so freundlich und ruhig war. Nach unerhörten Anstrengungen gelang es mir, mich aufzurichten. Die Wunde, welche ich erhalten hatte, obwohl ziemlich ernst, war nicht gefährlich. Durch einen unbegreiflichen Zufall hatte der aus kurzer Distanz auf mich abgefeuerte Schuss nur das Fleisch gestreift, ohne irgendein Organ zu verletzen. Ich verband meine Wunde so gut es ging mit meinem Hemd, welches ich in Stücke zerriss, und dann erhob ich mich. Ich wurde von einem glühenden Durst verzehrt. Eine halb geleerte Flasche stand auf dem Tisch, ich nahm sie und brachte sie begierig an meinen Mund. Sie enthielt Refino de Catalunna. Ich tat einen mächtigen Zug. Der Wein gab mir augenblicklich alle meine Kräfte wieder. Ein Leichnam fehlte unter denen, die ich gesehen hatte, der Antonias. Was war aus ihr geworden? Das war es, was ich wissen musste. Auf meine Flinte wie auf einen Stock gestützt, begann ich meine düstere Nachforschung im Haus. Überall herrschte die furchtbarste Unordnung. Sämtliche Möbel waren gewaltsam aufgebrochen, Wäsche und Kleidungsstücke bunt durcheinander geworfen. Die Salteadores[1] hatten Zeit gehabt, ihre Blutarbeit auszuführen, aber nicht genug, um unseren Nachlass zu rauben. Sie hatten unnütze Verbrechen begangen.

Ich gelangte endlich an das Zimmer, welches zu einer anderen Zeit Antonia gehörte. Ich trat wankend ein, indem ich mich gegen die Wand stützte. Die Aufregung, welche mein Herz zusammenschnürte, war so groß, dass ich meine Kräfte schwinden fühlte.

›Oh, Marcos‹, rief eine sanfte Stimme, die ich sogleich wiedererkannte, ›warum habt Ihr uns verlassen?‹

Ich sank halb ohnmächtig auf meine Knie nieder, am Kopfende des Bettes, auf welchem Antonia sterbend lag.

Sie legte die Hand auf mich, und diese Berührung ließ mich erbeben.

[1] Salteador: Räuber.

›Da seid Ihr endlich‹, begann sie wieder. ›Ihr kommt zu spät, um sie zu retten, sie sind tot. Bald werde auch ich mit ihnen wiedervereint werden, aber Gott hat erlaubt, dass Ihr noch früh genug angekommen seid, um sie zu rächen, denn ihr Tod ist blutig gewesen und ihr Blut schreit nach Rache, Marcos.‹

›Ich werde sie rächen!‹, rief ich aus. ›Sagt mir, wer sind die Mörder! Kennt Ihr sie?‹

›Ich kenne sie‹, entgegnete sie mit Anstrengung. ›Ich kenne sie und Ihr auch, Marcos.‹

Darauf sammelte sie alle ihre Kräfte, näherte ihren reizenden Kopf wieder dem meinigen, neigte sich an mein Ohr und flüsterte zwei Namen. Diese beiden Namen habe ich geschworen, niemals auszusprechen. Verzeihen Sie mir also, wenn ich sie verschweige, Don Albino.«

»Ihre Geheimnisse gehören Ihnen, Señor«, antwortete der junge Mann.

»Nachdem ich den Schwur geleistet hatte, welchen die arme Antonia von mir forderte, zeigte sie mir ein Kind, einen reizenden kleinen Engel von kaum einigen Monaten, welcher friedlich zu Füßen des Bettes schlummerte.

›Das ist meine Tochter‹, sagte sie zu mir, ›meine Marcela. Ich vermache sie Euch, Marcos. Seid ihr Vater. Sie steht von nun an allein in der Welt.‹

›Ich werde ihr Vater sein‹, antwortete ich.

›Danke‹, entgegnete sie und drückte mir zärtlich die Hand. ›Danke, Marcos.‹

Sie stieß einen Seufzer aus und fiel zurück.

Ich stürzte auf sie zu … sie war tot!

Wie ich ihrer sterbenden Mutter geschworen hatte, diente ich Marcela als Vater. Sie weiß es nicht, wenigstens glaube ich es, dass ich nur ihr Beschützer bin, und … sie liebt mich, als wenn ich wirklich ihr Vater wäre.

Meine Wunde heilte ziemlich rasch. Ich verließ jenes Haus, welches mir eine so schreckliche Katastrophe zurückrief, und ließ mich hier nieder.

Seit diesen Ereignissen sind siebzehn Jahre verflossen und die

Erinnerung daran ist meinem Gedächtnis noch ebenso gegenwärtig, als wenn sie gestern geschehen wäre. Die Wunde in meinem Herzen ist noch immer ebenso lebhaft und ebenso flutend.

Das ist die Geschichte Marcelas, Don Albino. Ich musste sie Ihnen mitteilen, damit Sie wissen, wer diejenige ist, die Sie zum Weib wünschen, und dann noch aus einem anderen Grund, mit dem ich Sie erst noch bekannt machen muss.«

»Ich danke Ihnen für das Vertrauen, welches Sie einem Mann bewiesen haben, der Ihnen beinahe unbekannt ist, Don Marcos, aber seien Sie überzeugt, dass ich dieses Vertrauens würdig bin und es rechtfertigen werde.«

»Ich glaube es, Don Albino. Was jedoch Ihre Meinung anbetrifft, dass ich Sie kaum kenne, so sind Sie im Irrtum, Don Albino. Ich kenne Sie im Gegenteil sehr gut. Wenn es nicht so wäre, würde ich Sie die Schwelle dieser Tür nicht haben überschreiten lassen. Marcela ist das einzige Band, welches mich an das Leben fesselt. Ich wache über sie wie ein Geizhals über seinen Schatz, mit einer unruhigen, stets behütenden Eifersucht. Ich werde sie nur demjenigen geben, welcher alle nötigen Eigenschaften in sich vereinigt, um sie glücklich zu machen. Schon seit langer Zeit weiß ich, dass Sie sie lieben, und wenn ich bis jetzt Ihre Zusammenkünfte nicht gestört habe …«

»Unsere Zusammenkünfte!«, rief lebhaft der junge Mann.

»Ja«, antwortete Don Marcos gerade heraus, »ich habe unsichtbar allen Ihren Begegnungen mit Marcela beigewohnt. Ihr Benehmen ist bis heute das eines Ehrenmannes gewesen, ich mache Ihnen also keinen Vorwurf. Allein, wenn Sie von nun an mit ihr sprechen wollen, werden Ihre Unterredungen mit ihr nur in meiner Gegenwart stattfinden. Versprechen Sie mir das, Don Albino?«

»Ich verspreche es Ihnen, Don Marcos. Ich habe Marcela nichts Heimliches zu sagen, meine Liebe für sie ist aufrichtig.«

»Ich glaube es, deshalb habe ich das Eis zwischen uns brechen wollen, um Ihr Vertrauen zu erhalten.«

»Oh, Sie haben es vollkommen!«, rief der junge Mann freudig aus.

»Danke. Lassen Sie uns einstweilen hierbei stehen bleiben. Es ist spät, ich bedarf ein wenig der Ruhe, bevor ich an die Geschäfte gehe, welche mich rufen.«

»Aber Sie hatten mir noch etwas zu sagen, glaube ich?«

»Das ist freilich wahr, allein der Augenblick ist noch nicht gekommen, es zu tun. Sobald es dazu Zeit sein wird, werden Sie es erfahren.«

»Ihr Wille geschehe, ich werde warten.«

»Hier in diesem Winkel hängt eine Hängematte. Eine Nacht geht bald vorüber. Überdies sind Sie jung und werden die Unbequemlichkeit der Gastfreundschaft, die ich Ihnen biete, nicht empfinden. Vielleicht werden Sie mich diese Nacht mit meinem Pferd davonreiten hören, das soll Sie aber nicht beunruhigen. Ich habe Ihnen bereits gesagt, dass ich ausgehen muss. Und nun überlasse ich Sie der Ruhe. Gute Nacht! Reisen Sie morgen früh nicht ab, bevor Sie mich wiedergesehen haben.«

Er zündete ein Licht an dem an, welches auf dem Tisch brannte, und machte einige Schritte, um sich zurückzuziehen.

»Verzeihung«, sagte Don Albino lebhaft zu ihm, »noch ein Wort, wenn es beliebt.«

»Ich höre.«

»Sie gehen wirklich heute Nacht aus?«

»Ja, gewiss.«

»Trotz des furchtbaren Sturms?«

»Eben wegen dieses Sturms.«

»Ich verstehe Sie nicht.«

»Es ist nicht nötig, dass Sie mich verstehen«, meinte er lächelnd.

»Dieser Ausgang hat also ernste Beweggründe?«

»Höchst wichtige, Don Albino.«

»Entschuldigen Sie mich, Don Marcos, dass ich so darauf dringe, aber ich bin begierig, Ihnen einen Vorschlag zu machen, und ich weiß nicht, wie ich ihn anbringen soll.«

»So ist also das, was Sie von mir verlangen wollen, sehr ernst?«

»Das nicht gerade, allein ich fürchte, eine Indiskretion zu begehen.«

»Ei, davon glaube ich kein Wort. Erklären Sie sich offen, das ist das Einfachste.«

»Das werde ich tun, da Sie mich dazu ermächtigen. Mit einem Wort, ich wünsche, Sie zu begleiten.«

»Sie!«, rief Don Marcos mit einem unmerklich freudigen Beben.

»Warum nicht? Bin ich nicht ein starker und entschlossener Mann?«

»Ah! Ah!«, lachte er. »Ahnen Sie denn, um was es sich handelt?«

»Beinahe. Sie sind Perlmuschelfischer und Schmuggler. Nun aber glaube ich nicht, dass Sie in diesem Augenblick ausgehen werden, um sich auf die Fischerei zu begeben.«

»In der Tat, die Stunde wäre ziemlich schlecht gewählt.«

»Es handelt sich also um ein Schmuggelgeschäft?«

»Aus diesem Grund gehe ich aus, Sie haben richtig geraten.«

»Ah, Sie sehen wohl, und Sie erlauben mir also, Sie zu begleiten?«

»Nein, Sie irren sich, das schlage ich aus.«

»Sie haben ohne Zweifel einen Grund dazu?«

»Gewiss, wenn Sie es wünschen, werde ich Ihnen denselben mitteilen.«

»Ich bitte darum.«

»Nun gut, ich bin Schmuggler. Das Geschäft dieser Nacht ist sehr ernst, vielleicht werden Gefahren dabei zu überstehen sein. Diese Gefahren sollen mich allein treffen, weil ich allein in die Sache involviert bin, während Sie dagegen derselben gänzlich fremd sind.«

»Gut, ich bestehe nicht weiter darauf, Don Marcos, es steht Ihnen frei, nach Ihrem Belieben zu handeln, wie mir, nach dem meinigen. Weil Sie mir nicht vertrauen wollen, werden Sie allein zu Ihrer Zusammenkunft gehen. Aber ich muss Ihnen mitteilen, dass wir dieses Haus zusammen verlassen werden.«

»Sie bedenken nicht, was Sie sagen, Don Albino! Dies würde von Ihrer Seite eine Handlung von unverantwortlicher Torheit sein. Wohin wollten Sie in einer so furchtbaren Nacht gehen?«

»Wohin es Gott gefallen wird, Don Marcos. Das beunruhigt mich keineswegs, aber ich versichere Ihnen, dass ich in Ihrer Abwesenheit nicht allein hier bleiben werde.«

Der Seemann schien zu überlegen.

»Sie sind also durchaus entschlossen, diese Torheit zu begehen?«, fragte er.

»Mein Entschluss ist unwiderruflich.«

»Wohlan! Wenn es so ist, werden Sie mich begleiten. Allein erinnern Sie sich, dass Sie es sind, der es fordert.«

»Das sollte Ihnen keine Sorge machen, Don Marcos. Sie versprechen es mir also?«

»Auf Ehre. Sie können also ruhig schlafen, ich werde Sie wecken, sobald es Zeit ist.«

»Danke, Don Marcos, ich wünsche Ihnen ebenfalls, gut zu schlafen.«

»Auf baldiges Wiedersehen!«

»Es bleibt dabei.«

Don Marcos entfernte sich, Don Albino blieb allein. Anstatt sich auf die für ihn bereitete Hängematte auszustrecken und den Versuch zu machen, zu schlafen, nahm der junge Mann seinen Platz am Tisch wieder ein, stützte den Kopf in seine Hände und versank in tiefes Nachdenken.

Das seltsame Vertrauen, welches Don Marcos ihm hatte zuteilwerden lassen, wirbelte in seinem Kopf herum und hatte seine Gedanken in vollständige Verwirrung gebracht. Dieses plötzliche Vertrauen, welches dieser sonderbare Mann ihm bezeugte, versetzte ihn in große Unruhe. Gewisse Bemerkungen, welche er gemacht hatte, ließen ihn vermuten, dass sein Wirt gegen ihn nicht mit solcher Offenheit gehandelt habe, als er sich den Anschein geben wollte, und dass Beweggründe, welche er nicht kannte, ihn veranlassten, so zu ihm zu sprechen, wie er es seit beinahe einer Stunde getan hatte. So überließ er sich wachend seinen Träumen und suchte vergebens die Gründe zu erraten, welche das Benehmen seines Wirts in Bezug auf ihn hervorgerufen hatten, als er plötzlich fühlte, dass man leise seine Schulter berührte.

Er richtete sich rasch empor, indem er einen Schrei der Freude und Überraschung unterdrückte.

Marcela stand bleich und zitternd vor ihm.

»Marcela«, murmelte er und faltete die Hände, »ich hoffte, Euch noch zu sehen!«

»Ja, nicht wahr, Ihr erwartetet meinen Besuch, Albino?«, antwortete sie.

»Ich fürchtete, gezwungen zu sein, abzureisen, ohne das Glück zu haben, Euch noch einmal zu sehen.«

»Gedenkt Ihr, uns denn so schnell zu verlassen?«

»Nein, sicherlich nicht«, erwiderte er verwirrt, denn er sah ein, dass er zu viel gesagt hatte.

Sie blickte ihn fragend an.

»Ihr täuscht mich, Albino«, sprach sie.

»Ich, Marcela?«

»Ja, Ihr habt Pläne, die Ihr mir verbergen wollt.«

Er senkte den Kopf und gab keine Antwort.

»Ich weiß alles«, begann sie von Neuem. »Ich war dort, hinter jener Tür. Ich habe alles gehört.«

»Wie«, rief er aus, »Ihr wisst …«

»Alles, sage ich Euch. Don Marcos hat Euch eine traurige Geschichte erzählt, nicht wahr, mein Freund? Diese Geschichte kennen viele Leute, welche sie jedoch nur bei geschlossenen Türen und Fenstern mitzuteilen wagen. Ihre Berichte weichen von dem Don Marcos' ab – in gewissen Einzelheiten«, setzte sie bitter hinzu.

»Was wollt Ihr damit sagen, Marcela? Ich zittere, Euch zu verstehen!«, rief er mit einer Gebärde des Schreckens.

»Später werden wir auf diesen Gegenstand zurückkommen, mein Freund, und dann werde auch ich Euch diese schreckliche Geschichte erzählen. Vielleicht werdet Ihr finden, dass sie nicht ganz derjenigen gleicht, welche Ihr heute Abend gehört habt. Aber die Zeit drängt. Don Marcos hat einen leisen Schlaf, er könnte aufwachen. Er darf uns nicht hier beisammen finden.«

»Wenn er jetzt käme?«

»Ich habe dieser Eventualität vorgebeugt und Lindo wird

mich zeitig genug benachrichtigen. Ihr seid sehr unvorsichtig gewesen, Albino, bei einem Mann einzutreten, der Euch fast unbekannt ist und dessen Gefühle für Euch durchaus nicht freundschaftlich sind, trotz seines Entgegenkommens gegen Euch. Dieser Mann ist Euer Feind, Albino, hütet Euch!«

»Mein Feind? Ihr irrt Euch, Marcela, welche Gründe könnte er haben, mich zu hassen?«

»Ich weiß es nicht, aber ich bin dessen gewiss, was ich behaupte. Ich fühle es, Albino. Ich liebe Euch. Meine Liebe benachrichtigt mich. Das Herz täuscht sich nicht.«

»Ah, Marcela, was kann ich zu fürchten haben, da ich von Euch geliebt bin?«

»Diese Worte sind eine Torheit, mein Freund. Vertraut meinem Scharfblick. Ich weiß, wessen Don Marcos fähig ist. Glaubt mir, seid auf der Hut. Ich sage Euch nochmals, dass er Euch hasst!«

»Mag sein, teure Marcela, dass er mich hasst, aber auch er hüte sich alsdann, denn ich bin kein Kind. Ich schwöre Euch, bei dem ersten Zeichen des Verrats von seiner Seite …«

»Nein«, unterbrach sie ihn rasch, »nicht so, Don Albino. Dieser Mann ist betrügerisch und listig, schlagt ihn durch seine eigenen Waffen.«

»Ich werde es versuchen, aber es wird mir sehr schwer werden. Ich gestehe Euch, Marcela, ich bin nicht gewöhnt, solche Mittel anzuwenden.«

»Dennoch muss es sein. Ach, mein Freund, Euer Leichtsinn und Eure Unvorsichtigkeit haben uns in eine sehr gefährliche Lage gebracht. War es denn nicht genug, hier einzutreten, ohne Euch bewegen zu lassen, ihm heute Nacht zu folgen?«

»Ich bin es, der dies gefordert hat, Marcela.«

»Das glaubt Ihr«, erwiderte sie mit trübem Lächeln. »Ihr habt nicht bemerkt, mit welcher teuflischen Geschicklichkeit er Euch seinen Ausgang mitgeteilt und Euch gleichsam gezwungen hat, ihm gegen Euren Willen den Vorschlag zu machen, ihn zu begleiten.«

»Allerdings«, murmelte der junge Mann, indem er nachdenklich wurde. »Aber welchen Zweck hat denn dieser Mann? Was will er von mir?«

»Das ist ein Geheimnis zwischen ihm und dem Dämon, der es einflößt. Gegen Euch persönlich hat er vielleicht nichts, und es ist wahrscheinlich, dass, wenn Ihr nicht Eure Blicke auf mich geworfen hättet, er Euch nicht zu schaden suchen würde.«

»Ihr sprecht in Rätseln, Marcela.«

»Das ist freilich wahr, mein Freund. Leider ist es mir in diesem Augenblick aber unmöglich, deutlicher zu sein. Nur so viel sollt ihr wissen, vor Euch haben schon zwei junge Leute versucht, mir zu gefallen. Ich habe ihr Bestreben aber kaum bemerkt. Ich habe nicht geliebt, weder den einen noch den anderen. Zieht nicht die Brauen so zusammen, Albino. Ich schwöre Euch, Ihr allein habt den Weg zu meinem Herzen gefunden. Ihr wisst, dass ich offen bin. Ich liebe Euch, ich habe früher noch nie geliebt und werde niemals einen anderen als Euch lieben.«

»Oh, Danke, Danke, Marcela«, rief er aus, indem er auf seine Knie sank und mit brennenden Küssen die Hände bedeckte, welche sie ihm überließ.

»Ihr glaubt mir jetzt also?«, fragte sie mit einem reizenden Lächeln.

»Ich habe niemals an Euch gezweifelt, Marcela!«

»Lasst mich fortfahren: Diese beiden jungen Männer, von denen ich sprach, verschwanden plötzlich, ohne dass jemand sagen konnte, wie sie gestorben waren. Der Leichnam des einen wurde, von Eidechsen halb verzehrt, in der grünen See gefunden, der andere wurde im Mal Paso entdeckt, den Kopf von einer Kugel zerschmettert. Wer hatte sie getötet? Das konnte man unmöglich wissen. Albino, ich wiederhole Euch jetzt zum letzten Mal, hütet Euch! Sie waren auch mit Don Marcos verbunden und er zeigte ihnen viel Interesse. Bedenkt, dass es infolge seiner Nachforschungen gelang, ihre Körper wieder aufzufinden.«

»Mein Gott«, meinte der junge Mann erschrocken, »wenn das, was ich vermute, wahr ist, so ist dieser Mann ein Ungeheuer!«

»Still«, sagte sie und legte den Finger auf ihren Mund, »still und wacht, Albino, ich kann Euch nicht mehr sagen.«

Und nachdem sie ihm ein letztes Lebewohl zugewunken hatte, verschwand sie, leicht wie eine Sylphe[1] durch die halb offene Tür, die sie leise wieder hinter sich schloss.

»Oh«, rief der junge Mann aus, »dies alles verbirgt ein furchtbares Geheimnis. Arme Marcela! Wie muss sie leiden neben einem solchen Mann, verurteilt, unaufhörlich neben ihm zu leben, ihm zuzulächeln und jede Minute unter seinem Dämonenblick zu zittern. Gebe der Himmel, dass es mir gelingt, sie zu retten!«

Er näherte sich der Hängematte, auf welcher er sich ausstreckte, nicht um zu schlafen, sondern um nach Gefallen und ohne fürchten zu müssen, durch seinen fürchterlichen Wirt überrascht zu werden, den Entschluss zu überlegen, dessen Pläne zu vereiteln und ihn zu entlarven.

4. Querfeldein

Der Schmuggelhandel, der eine bedeutende Entwicklung auf den amerikanischen Küsten der beiden Ozeane erreicht hat, wurde vorzüglich in unglaublicher Ausdehnung auf dem Stillen Ozean betrieben, da die Entfernung der Hauptstadt eine Kontrolle fast unmöglich machte.

Dieses Schleichhandelgewerbe existierte schon lange in Mexiko. Es blühte bereits unter der strengen Verwaltung der spanischen Vizekönige, welche trotz unerhörter Anstrengungen vergebens versuchten, nicht dasselbe zu unterdrücken, – diese Unmöglichkeit hatten sie erkannt – sondern es zu beschränken.

Der Unabhängigkeitskrieg, welcher fünfzehn Jahre dauerte, gab dem Schmuggelhandel einen neuen Aufschwung und war der Anlass, dass dieser auf einer soliden Basis begründet wurde,

[1] Mythologischer Naturgeist der Luft mit filigranem, zierlichem Körper.

auf der er sich noch heute befindet, sodass er in gewissen Teilen des Küstenlandes am hellen Tag angesichts und mit Wissen von jedermann ausgeübt wird.

In den Gegenden, wo die Schmuggler gewisse Vorsichtsmaßregeln treffen, treiben sie nur des Nachts ihr Handwerk, nicht etwa, weil sie einsehen, dass ihr Handel gesetzwidrig und unerlaubt ist und sie sich daher genötigt glauben, ihr Verfahren zu verbergen, sondern einfach, weil die Beamten der Douane, der Zollbehörde, in großer Anzahl vorhanden sind und demnach stärker als jene glauben, ihnen Gesetze vorschreiben und den Löwenanteil von den Expeditionen beanspruchen zu können, bei denen sie sich beteiligen.

Oft verursachten diese Missverständnisse zwischen den beiden Parteien blutige Kämpfe, die umso erbitterter waren, als jeder für sein Recht kämpft und zu kämpfen glaubt, welches der andere zu hintergehen beabsichtigt.

So verhielt es sich auch im Hafen von Siguantanejo infolge gewisser Streitigkeiten zwischen den Douaniers[1] und den Schmugglern wegen des Beuteanteils nach einer ergiebigen Expedition. Es war zu einem vollständigen Bruch zwischen den beiden Parteien gekommen und seitdem befanden sie sich in fortwährender Feindseligkeit einander gegenüber.

Don Marcos, welchen die Schmuggler schweigend als ihren Anführer anerkannt hatten, erstens wegen seiner unbestrittenen Tapferkeit und dann, weil er als vortrefflicher Seemann fähig war, selbst in den dunkelsten Nächten und bei dem schlechtesten Wetter die Ein- oder Ausladung eines Schiffes zu bewirken, Don Marcos, sagen wir, trug die tiefste Verachtung für seinen Gegner zur Schau und gab sich kaum die Mühe, den Zöllnern seine Expeditionspläne zu verbergen, welche, wir müssen es zugeben, in neunundvierzig von fünfzig Fällen gelangen – dank seiner energischen Initiative und der weisen Maßregeln, welche er anwendete.

Diese fortwährenden Erfolge machten die Douaniers wütend;

[1] Zollbeamte.

aus dem einfachen Grund, weil sie sich infolge ihrer Niederlage auf die ihnen zukommende Summe, das heißt, auf fast nichts angewiesen sahen. Der Administrator der Douane war fast bis zur Wut erbittert und oftmals tat er den Schwur, – der freilich bis dahin ohne Wirkung geblieben war – dass bei der ersten Begegnung Don Marcos von seiner Hand umkommen sollte. »Bedrohte Leute leben lange«, sagt das Sprichwort. Ohne sich weiter um den würdigen Zolladministrator zu bekümmern, setzte Don Marcos friedlich seine Operationen fort, indem er sich statt jeder Rache damit begnügte, am nächsten Morgen an seinen Feind mit schlauer Miene Beileidskomplimente zu richten, welche diesen fast rasend machten.

Gegen ein Uhr morgens trat Don Marcos in das Zimmer, wo Don Albino schlief oder wenigstens so tat. Bei dem Geräusch, welches die sich öffnende Tür machte, richtete sich dieser in seiner Hängematte auf.

»Ha«, sagte der Erstere, »Sie haben einen leisen Schlaf, Gefährte!«

»Eine alte Seemannsgewohnheit«, antwortete dieser. »Ist es Zeit?«

»Ja, sofern Sie Ihre Absicht nicht geändert haben, werden Sie wohl aufstehen müssen.«

»Ich stehe Ihnen sogleich zu Diensten.«

»Ich hatte Lust, Ihr Pferd zu satteln, aber ich erinnerte mich, dass dies eine Sorge ist, welche ein Reiter gern selbst übernimmt, und da habe ich Ihnen denn diese Arbeit überlassen.«

»Ich danke Ihnen.«

Indem er dies sagte, sprang Don Albino aus seiner Hängematte, auf welche er sich völlig angekleidet niedergelegt hatte, sodass er augenblicklich bereit war.

»Wie ich bemerkt habe«, sagte Don Marcos, »haben Sie außer Ihrer Machete und Ihrem Messer weiter keine Waffen. Hier sind eine Doppelflinte und zwei sechsläufige Revolver, welche Sie in Ihren Gürtel stecken mögen.«

»Fürchten Sie denn einen Angriff?«

»Der Administrator der Douane, Don Remigo Valdez, ist

mein Feind. Er würde nicht böse darüber sein, mir irgendeinen Streich zu spielen. Man muss imstande sein, sich zu verteidigen.«

»Allerdings«, gab der junge Mann zur Antwort.

»Nun in den Corral, und beeilen wir uns! Wir müssen um zwei Uhr auf der Spitze des Petatlán sein. Sie sehen, dass wir keine Zeit zu verlieren haben.«

»In der Tat, das ist ein guter Ritt. So lassen Sie uns also gehen.«

Sie traten in den Corral. Don Albino fing sein Pferd und begann es sogleich zu satteln.

Der junge Mann konnte die freundliche und herzlich gütige Weise seines Wirtes gegen ihn nicht begreifen. Je vertrauter er mit diesem Mann wurde, umso weniger vermochte er ihn zu enträtseln. Er erschien ihm unter so verschiedenen Farben, dass er für ihn ein unlösbares Problem wurde. Nach dem, was er ihm selbst gesagt und was Marcela hinzugefügt hatte, war er geneigt, ihn für einen finsteren Bösewicht zu halten, besudelt durch Blut und Mord. Auf der anderen Seite waren seine Worte so süß, seine Stimme so einnehmend, sein Blick so offen und so frei, dass er seine Überzeugung dem Zweifel Platz machen fühlte und er sich fragte, ob nicht ein geheimes Unglück auf dem Leben dieses Mannes laste, ein Unglück, welches wider seinen Willen seinen Charakter in einem Licht erblicken ließ, welches nicht das richtige war.

Der letzte Vorschlag Don Marcos' erhöhte noch seine Verwirrung. Warum setzte dieser Mann, wenn er schlechte Absichten mit ihm hatte, ihn freiwillig in den Besitz von Waffen, von denen, wie er vermuten musste, Don Albino im Falle des Misslingens gegen ihn selbst Gebrauch machen würde?

Alle diese Gedanken wirbelten in seinem Kopf herum, während er sein Pferd mit jener peinlichen Sorgfalt sattelte, welche die Reiter, da sie wissen, dass ihr Leben von ihrem Tier abhängt, darauf verwenden.

Als die Pferde bereit waren, nahmen die beiden Reiter sie am Zügel, führten sie durch den Saal und verließen das Haus.

Sie schwangen sich in den Sattel.

Don Marcos pfiff, und augenblicklich erschienen zwei Männer, welche Don Albino vorher nicht bemerkt hatte.

»Ich breche auf«, sagte er. »Wacht über die Ninna[1].«

»Geht, mein Gebieter, Ihr werdet bei Eurer Rückkehr alles in Ordnung finden«, antwortete einer der beiden Männer.

»Vorwärts!«, rief Don Marcos und spornte sein Pferd.

Die beiden Reiter sprengten durch die Nacht. Don Albino war traurig. Mit der den verliebten Menschen eigenen Inkonsequenz hatte er gehofft – obgleich er einsah, dass es unmöglich war – dass Doña Marcela am Fenster ihres Zimmers stehen würde, um ihm im Augenblick der Abreise ein letztes Lebewohl zu sagen.

Schweigend galoppierten die Reiter nebeneinander. Überhaupt machte die Beschwerlichkeit des Weges jede Unterhaltung unmöglich.

Der Sturm hatte sich beinahe gelegt. Der Regen hatte aufgehört, die Nacht war ziemlich klar, aber der Wind wehte noch mit großer Heftigkeit und das Rollen des Donners mischte sich ununterbrochen mit dem fortwährenden Grollen der sich am Strand brechenden Wellen.

Der Regen hatte die Wege so aufgeweicht, dass die Pferde nur mit außerordentlicher Schwierigkeit vorwärts kamen. Sie strauchelten bei jedem Schritt und sanken zuweilen bis an die Häcksen[2] in Löcher, worin sie Gefahr liefen, sich die Beine zu brechen. Durch den Sturm umgestürzte und zerschmetterte Bäume, große Felsstücke lagen hier und dort zerstreut, versperrten den Weg und zwangen die Reisenden zu unzähligen Umwegen, die sie eine beträchtliche Zeit verlieren ließen.

Endlich erreichten sie das Ufer, und obwohl das Meer noch ungestüm war und die weißen Schaumkämme der Wellen fast zu ihren Füßen zerschellten, wurde ihre Reise doch weniger ermüdend und überdies schneller. Ihre Pferde sprengten auf

[1] Junges Mädchen.
[2] Die Häckse; auch: der Kniebug (die Kniebeuge) = der auswärts gebogene Teil des Knies am Hinterbein des Pferds.

dem nassen aber schon wieder fest gewordenen Sand dahin, ohne dass sich ihnen eins jener Hindernisse entgegenstellte, welche sie bis dahin aufgehalten hatten.

»Ah«, meinte Don Marcos, indem er mit prüfendem Blick um sich schaute, »jetzt glaube ich, dass wir plaudern können, ohne allzu große Gefahr zu laufen, uns den Hals zu brechen. Überdies legt sich der Sturm mehr und mehr und wir werden bald vollkommene Meeresstille haben. Was denken Sie von diesem Spazierritt, zu dem ich Sie veranlasst habe?«

»Meiner Treu, ich finde ihn sehr angenehm.«

»Nicht wahr? Oh, das Leben der Schleichhändler ist nicht so unangenehm, wie die Leute glauben.«

»Ich weiß das.«

»Wie, Sie wissen das? Sie haben also auch den Schmuggelhandel versucht, Don Albino?«

»Warum sollte ich nicht offen gegen Sie sein? Ja, ich habe mehrmals den Schiffern geholfen, ihre Ladung ohne Kontrolle des Fiskus zu bewerkstelligen. Bin ich nicht Küstenbewohner wie Sie?«

»Allerdings. Daran habe ich nicht gedacht. Wer sich Costeño nennt, nennt sich Schmuggler«, antwortete Don Marcos heiter. »Ei, umso besser. Ich fürchtete, mit einem Neuling zu tun zu haben. Jetzt sehen Sie mich beruhigt. Wenn dieser würdige Remigo Valdez, der Verwalter der Douane, die Absicht hat, mit uns Händel zu suchen, nun, bei Christo, so wird er finden, mit wem er es zu tun hat – ohne zu gedenken, dass meine Gefährten entzückt sein werden über den neuen Rekruten, den ich ihnen zuführe.«

»Vortrefflich gesprochen«, entgegnete der junge Mann in demselben Ton. »Ich will versuchen, den Lobeserhebungen, die Sie mir erteilen werden, zu entsprechen. Aber werden Ihre Gefährten nicht erstaunt sein, Sie mit einem Fremden kommen zu sehen?«

»Sie, weshalb denn? Durch mich vorgestellt, werden Sie im Gegenteil mit offenen Armen empfangen werden. Überdies, Sie werden sie sehen, und ich bin sicher, dass Sie sie alle kennen. Es sind größtenteils Perlmuschelfischer oder Cargadores[1] aus dem Hafen.«

»Es ist wohl ein wichtiges Geschäft?«

»Freilich, es handelt sich darum, an Bord einer französischen Brigg[2], welche außerhalb der Spitze bei den Inseln vor Anker liegt, eine Ladung von *plata pinna*[3] für Rechnung eines reichen englischen Hauses zu San Blas einzuschiffen. Man gibt uns zwanzig Prozent vom Gesamtbetrag. Sie sehen, dass dies ganz hübsch ist.«

»Ich glaube wohl, umso mehr, als Sie keine Gefahr dabei laufen.«

»Hm, vielleicht werden wir uns mit der Douane in einen Kampf einlassen müssen.«

»Wohlan, eine Schlacht, das wäre mir gerade recht!«

»Bei Gott, Sie sind ein prächtiger Gefährte, und ich freue mich über den Zufall, der mich näher mit Ihnen bekannt gemacht hat.«

Dies wurde mit einer so wirklichen Innigkeit, einer so großen Herzlichkeit gesagt, dass Don Albino wider seinen Willen dem magnetischen Einfluss unterlag, welchen dieser sonderbare Mann auf alle ausübte, die sich ihm näherten, und seinen Zweifel schwinden fühlte, um dem vollkommensten Vertrauen Platz zu machen.

So fuhren sie fort, sich noch eine Zeit lang auf die freundschaftlichste Weise zu unterhalten. Wer sie gehört hätte, würde sie seit zehn Jahren verbunden geglaubt haben, nach der überfließenden Herzlichkeit zu urteilen, welche sie in ihre Worte legten.

Nach ungefähr einer Stunde wandten sie sich ein wenig nach rechts und schlugen einen schmalen, in den Fels gehauenen Pfad ein, welcher sich durch einen unmerklichen Abhang und zahlreiche Windungen bis zum Gipfel des Felsenriffs erhob, das

---

1 Lastträger.

2 Schiff mit einem Verdeck, zwei Mastbäumen, zwei Rahsegeln und einem Briggsegel, das von einem Mast ausgeht und am Vorderteil befestigt ist.

3 Silberbarren.

an diesen Stellen schroff und drohend über das Meeresufer emporsteigt.

Don Marcos mäßigte den Gang seines Pferdes ein wenig und neigte sich zu seinem Gefährten, indem er mit leiser Stimme sprach, als fürchtete er, gehört zu werden:

»Wir werden unsere Verbündeten bald treffen, lassen Sie mich Ihnen etwas empfehlen.«

»Tun Sie das«, antwortete der junge Mann. »Bevor ich so plötzlich in eine mir ganz fremde Gesellschaft versetzt werde, wird es mir lieb sein, zu wissen, wie ich zu handeln habe.«

»Gerade in dieser Beziehung habe ich Ihnen einige Worte zu sagen. Unter den zwanzig und etlichen Caballeros[1], mit denen wir nun bald zusammentreffen werden, ist einer, mit dem ich Sie bitte, in keine Beziehung zu treten. Sie sollen später die Gründe dafür erfahren.«

»Aber wie soll ich diesen Mann erkennen?«

»Sehr leicht. Er dient mir als Leutnant und ist der Anwalt der Cargadores des Hafens. Sobald er mich sehen wird, kommt er mir ohne Zweifel entgegen. Er ist ein Mann von beinahe fünfzig Jahren und von hoher Gestalt, seine Züge sind hart und knochig; sein Blick schielend. Obgleich von weißer Rasse, ist seine Hautfarbe die eines Indianers. Er hat einen übertriebenen Geschmack für Toilette und trägt immer einen Überfluss von Edelsteinen an sich.«

»Nach dem Porträt, welches Sie von dieser Persönlichkeit entwerfen, würde es mir schwer sein, ihn nicht auf den ersten Blick zu erkennen.«

»Endlich heißt er auch noch Don Stefano Lobo[2]«, fuhr Marcos fort.

»Hm, das ist ein Name, welcher viel verspricht.«

»Ja«, meinte der Seemann mit einem sonderbaren Ausdruck, »und er hält noch mehr, als er verspricht.«

---

[1] Höflichkeitsanrede; aus dem spanischen Wort für Pferdeknecht hervorgehend entwickelte sich daraus eine Anrede für spanische Edelleute, die in Mexiko aus Höflichkeit auch auf einfache Leute angewendet wurde.

[2] Die Bemerkung bezieht sich auf den Nachnamen Lobo = Wolf.

»Nachdem, was Sie mir sagen, vermute ich, dass dieser Mann Ihr Feind ist.«

»Er?«, rief Don Marcos mit einem tonlosen Lachen. »Sie irren sich, Caballero, er ist im Gegenteil mein intimster Freund.«

Don Albino blickte seinen Gefährten mit Erstaunen an. Don Marcos ließ ihm keine Zeit zu überlegen.

»Nicht wahr, Sie versprechen mir, jede Vertraulichkeit mit dieser Persönlichkeit zu vermeiden«, sagte er.

»Ich verspreche es Ihnen, Señor.«

»Danke! Nun eine Zeit lang Galopp, wir haben uns verspätet.«

Sie sprengten wieder mit verhängten Zügeln[1] weiter.

Zwanzig Minuten verflossen, die Reiter befanden sich in einer Art Cañon[2], der zu beiden Seiten von hohen Felsen begrenzt war. Don Marcos machte Halt und ließ zweimal hintereinander einen Pfiff ertönen. Ein anderer Pfiff antwortete ihm in ziemlicher Nähe.

»Gut, unsere Leute sind da«, sagte er, »gehen wir vorwärts.«

Einige Minuten später gelangten sie auf eine ziemlich große Ebene, die vollständig von Bäumen entblößt war. Wenige Schritte vor ihnen hielten drei Reiter unbeweglich in der Mitte des Weges und schienen zu warten.

»Wer da?«, rief eine Stimme.

»Marcos!«, antwortete der Seemann sogleich.

Und darauf neigte er sich zu dem Ohr seines Gefährten und sagte:

»Der, welcher gerufen hat, ist der Mann, von dem ich Ihnen erzählt habe.«

Indessen hatten die drei Reiter die beiden Männer erreicht.

»Nun?«, fragte Marcos.

»Nichts Neues«, antwortete einer der Reiter.

»Die Douaniers haben sich nicht sehen lassen, lieber Don Stefano?«, fuhr Marcos fort.

»Sie haben kein Lebenszeichen von sich gegeben, Señor«,

---

[1] Mit locker gelassenen Zügeln; sehr schnell.

[2] Stark eingeschnittene Schlucht oder Tal mit getreppten Hängen.

antwortete der Leutnant, welchen Don Albino nach dem Porträt, welches Don Marcos von ihm entworfen hatte, sogleich erkannte, denn es war von treffender Ähnlichkeit.

»Hm, das beunruhigt mich«, sprach Marcos wieder. »Ich traue dem Señor Don Remigo nicht. Seine Abwesenheit ist mir verdächtig, umso mehr, als er von unserer Expedition heute Nacht vollkommen unterrichtet sein muss. Wo sind unsere Leute?«

»Sechs von ihnen erwarten uns im Salto de Cabra mit den Maultieren«, gab Don Stefano zur Antwort.

»Und die anderen?«

»Ich habe sie auf Kundschaft ausgesandt auf sämtlichen Wegen, die auf unseren Einschiffungspunkt münden.«

»Wahrhaftig, lieber Don Stefano«, sprach Don Marcos heiter und rieb sich die Hände, »man muss gestehen, dass Sie ein kostbarer Mann sind. Ich würde es nicht besser gemacht haben. Ihre Dispositionen sind vortrefflich getroffen. Wir haben keine Überraschung zu fürchten.«

»Ich glaube es nicht«, antwortete Don Stefano bescheiden.

»Nun, Caballeros«, begann Don Marcos von Neuem, »erlauben Sie mir, Ihnen einen meiner Freunde vorzustellen, für den ich mit Leib und Seele einstehe. Er hat den Wunsch zu erkennen gegeben, sich aus Liebhaberei an dieser Expedition zu beteiligen, und ich habe geglaubt, ihm diesen geringen Wunsch nicht abschlagen zu dürfen.«

»Er sei willkommen«, antwortete Stefano mit ausgesuchter Höflichkeit. »Es ist eine Ehre für uns, ihn zum Gefährten zu haben.«

»Sie überschütten mich mit Güte, Señor«, erwiderte Don Albino, indem er sich fast bis auf den Hals seines Pferdes neigte.

»Ich vergaß, Ihnen zu sagen, dass aus Gründen, die Sie ohne Zweifel schätzen werden, dieser Caballero mich gebeten hat, das Inkognito bewahren zu dürfen«, sprach Don Marcos weiter.

»Wenn die vollkommenste Freiheit sich nicht unter den Schmugglern finden sollte, so würde sie gänzlich von der Erde verbannt sein«, sagte Don Stefano höflich.

Don Albino verneigte sich schweigend vor dem Anführer, ohne eine andere Antwort zu geben.

»Brechen wir auf, Señores«, sagte Don Marcos, und drückte seinem Pferd die Sporen in die Weichen.

Alle folgten ihm.

Dieses Mal dauerte der Ritt nicht lange. Nach kaum zehn Minuten machten sie eine scharfe Wendung nach rechts und befanden sich auf der Höhe eines Felsenriffs, wo mehrere Männer versammelt waren.

Diese Männer hatten sich, so gut es ging, gegen die Wut des Sturmes, der auf dieser Höhe mit großer Heftigkeit wütete, hinter einen Felsblock geschützt, der durch eine Seltsamkeit der Natur eine Art Voladero[1] bildete, unter welchem sich fünfzig Menschen bequem aufhalten konnten.

In diesem Augenblick waren nur zehn dort. Einige zwanzig Maultiere standen gesattelt und fraßen die Ration Mais, welche vor ihnen auf ausgebreiteten Zarapen[2] auf der Erde ausgeschüttet lag.

Die Schmuggler empfingen die neu Angekommenen mit der lebhaftesten Freude.

Don Marcos und seine Gefährten sprangen von ihren Pferden, welche sich sogleich mit den Maultieren vereinigten.

»Auf, Gefährten«, rief der Schmuggler, »wir haben keine Zeit zu verlieren, um die Waren einzuschiffen. Ich bitte Sie, Don Stefano, gehen Sie und sehen Sie, ob alles in Ordnung ist.«

Schweigend betrat der Leutnant sogleich eine in den Felsen gehauene Treppe und verschwand bald darauf.

Don Marcos nahm hierauf einen Schleichhändler beiseite und sagte ihm einige Worte ins Ohr.

Der Mann verneigte sich, schwang sich auf ein Pferd und ritt im Galopp davon, der Ebene zu.

Nachdem Don Marcos einen Blick über die um ihn gruppierten Männer hatte schweifen lassen, schritt er bis an den Rand des steilen Gestades und neigte sich vor, ohne an die Ge-

[1] Absturz, Steilhang; hier: schräg abgekippte Felsplatte, die dachartigen Schutz bietet.

[2] Mexikanische, farbenfrohe Decke.

fahr einer solchen Stellung zu denken. Dann bildete er aus seinen beiden Händen ein Sprachrohr und rief mit einer Stimme, welche den Lärm der Wogen beherrschte, die sich am Fuße des Gestades brachen:

»Ohe, seid ihr dort unten fertig?«

»Wir sind bereit!«, antwortete eine Stimme, welche aus dem Schoß des Meeres emporzusteigen schien.

»Ans Werk!«, rief Don Marcos seinen Gefährten zu.

Diese eilten sogleich, ihm zu gehorchen.

5. Die Schmuggler

Das Felsenriff, auf dessen Gipfel die Schmuggler versammelt waren, liegt ungefähr vier Meilen von dem Hafen von Siguantanejo entfernt, halbwegs über die Spitze vom Petatlán hinaus, in einer kleinen Bucht, welche sich beinahe den Inselchen gegenüber befindet, die vor dem Eingang des Hafens gruppiert sind.

Dieses Felsenriff, welches sich ungefähr dreißig Meter über das Niveau des Meeres erhebt, senkt sich, indem es sich aushöhlt, von oben nach unten und bildet das, was man in diesem Lande einen Voladero nennt, wenngleich man von der einen Seite durch einen fast unbemerkbaren Abhang auf seinen Gipfel gelangt.

Am Fuß des Felsenriffs, von welchem man mittels einer Treppe hinabsteigt, die auf einer seiner Seitenwände in den Felsen gehauen ist, – beiläufig gesagt, eine höchst gefährliche Treppe – dehnt sich ein Sandufer in einer Breite von ungefähr zehn Metern aus, wo die Fahrzeuge leicht anlegen können und sich vollkommen geschützt finden vor dem Nordostwind, der gewöhnlich sehr heftig in diesen Gegenden weht.

Das von den Schmugglern angewandte Mittel, um ihre Waren einzuschiffen, war eins der ursprünglichsten. Es bestand einfach darin, dass einer nach dem anderen die Barren an den Rand des steilen Gestades trug und sie dort hinabfallen ließ.

Diese Silberbarren wurden durch ihre Gefährten, welche sich zu diesem Zweck unten am Ufer befanden, aufgelesen und sogleich in die Schiffe geschichtet, welche zu ihrer Aufnahme bereit waren.

Auf Befehl Don Marcos' hatten sich die Schmuggler in zwei Trupps geteilt.

Der eine, welcher die Pferde und Maultiere mit sich führte, hatte sich entfernt, um eine halbe Stunde weiter hinauf die Waren zu empfangen, welche ein anderes Schiff auslud; gemischte Waren, größtenteils europäische Produkte, wie Stücke aus Leinwand, Baumwolle und Seide, falsche Edelsteine usw.

Der zweite Trupp war mit dem Transport der Silberbarren beschäftigt.

Die Schmuggler mussten, nachdem sie die *plata pinna* an Bord der Brigg geschafft hatten, welche man etwa eine Meile entfernt im Meer ruhig liegen sah, die Spitze umsegeln und ihre Maultiere wieder erreichen, welche sie in einer kleinen Bucht, in geringer Entfernung des Pueblo ganz beladen, erwarteten.

Don Albino folgte mit lebhaftem Interesse den Operationen der Schleichhändler. Er bewunderte hauptsächlich die Schnelligkeit, mit der sie den Befehlen ihres Anführers gehorchten, und die entschiedene Ehrerbietung, die sie ihm bezeugten. Nur eins beunruhigte ihn. Er fragte sich, welches Mittel die Schmuggler anwenden würden, um vom Felsufer hinabzusteigen. Die Treppe, die wir erwähnt haben, war ziemlich entfernt von dem Ort, wo sie sich jetzt befanden. Überdies war sie beinahe unwegsam. Diesen gefährlichen Weg einzuschlagen, musste einen großen Zeitverlust herbeiführen, in einer Operation, bei welcher die Schnelligkeit im Gegenteil eine *conditio sine quanon*[1] des Erfolges war.

Seine Neugierde war daher lebhaft erregt und er wartete mit Ungeduld auf den Moment, wo der letzte Barren oben von dem Gestade verschwunden sein würde, um zu sehen, welches

[1] Bedingung, von der nicht abgesehen werden kann.

Mittels sich die Schleichhändler bedienen würden, um ihrerseits hinabzusteigen.

»Nun«, fragte ihn Don Marcos, »was denken Sie von unserer Art des Einschiffens?«

»Ich finde sie sehr einfach für die Waren«, antwortete er, »allein, ich frage mich, welchen Weg werden die Menschen nehmen?«

»Ei, denselben.«

»Wie?«, sagte er, einen Schritt zurückweichend. »Sie scherzen ohne Zweifel!«

»Nicht im Geringsten«, gab der Schleichhändler lachend zur Antwort.

»Sie werden sich über das Felsufer hinablassen?«

»Mein Gott, ja! Ich, Sie, wir alle.«

»Ah, da bin ich neugierig zu sehen, wie Sie diesen gefährlichen Sprung ausführen wollen.«

»Sie werden sehen. Seien Sie unbesorgt – umso mehr, als Sie ihn selbst machen werden.«

»Sie glauben?«, sagte er mit deutlicher Ungläubigkeit.

»Wahrhaftig. Und das, ohne zu zaudern.«

»Sie wagen viel, indem Sie das behaupten.«

»Nicht im Geringsten, das versichere ich Ihnen. Sie sind erstaunt, weil Sie sich nicht die Mühe geben, nachzudenken, das ist alles.«

»Oh! Oh!«, meinte der junge Mann kopfschüttelnd. »Die Sache ist nicht so einfach, wie Sie behaupten. Allein, ich schwöre Ihnen auf meine Ehre, dass, welchen Weg Sie auch einschlagen mögen, ich Ihnen sogleich nachfolgen werde, und dass dort, wo Sie hinüberkommen, es mir auch gelingen wird.«

»Ich zweifle nicht an Ihrem Entschluss. Indes, wenn es Ihnen nicht gefallen sollte …«

»Nein, nein«, unterbrach er ihn lebhaft, »ich gestatte keine Bemerkung über diesen Gegenstand. Ich gebe zu, dass Sie meiner sicher sind, da Sie mich ein wenig kennen, und ich danke Ihnen dafür, aber mit Ihren Gefährten ist es nicht dasselbe, und ich wünsche, dass sie mich kennenlernen.«

»Sie haben recht«, sagte Don Marcos ernst. »Sie werden tun, was Ihnen beliebt.«

»Gut, das ist die Erlaubnis, die ich erwartet habe, ich werde sie benutzen, haben Sie Dank.«

Während sie also plauderten, hatten die Schmuggler die Einschiffung der Silberbarren fortgesetzt, indem sie dieselben nacheinander von der Höhe des Gestades in die Tiefe hinab schleuderten.

»Es ist alles bereit, Señor Don Marcos«, sagte ein Mann, sich nähernd.

Don Marcos war im Begriff zu antworten, als sich der rasche Hufschlag eines Pferdes hören ließ und der Schmuggler, welchen Don Marcos auf Entdeckungen ausgeschickt hatte, anlangte. Er sprang schnell von seinem Pferd herab und näherte sich lebhaft dem Anführer. Dieser zog ihn etwas beiseite.

»Nun, was gibt es Neues?«, fragte er ihn mit leiser Stimme.

»Sie haben richtig geraten, Señor«, antwortete der Mann in demselben Ton. »Es ist alles so, wie Sie gesagt haben.«

»Ah! Ah!«, rief Don Marcos mit leichtem Stirnrunzeln. »Don Remigo ist also benachrichtigt.«

»Vollkommen, und diesmal hofft er, dass Sie ihm nicht entgehen werden.«

»Hm«, murmelte der Seemann und lächelte mit schlauer Miene, »wir sind zu zweit bei dem Spiel. Wissen Sie das Nähere?«

»Auf das Genaueste.«

»Gut, ich höre. Seien Sie kurz.«

»Ein paar Worte genügen. Sie werden zu Land und auf dem Meer angegriffen werden.«

»Teufel, dann ist es ein wirklicher Feldzug.«

»Don Remigo will die Sache beenden.«

»Er hat sehr recht. Auch ich habe den lebhaftesten Wunsch, dies zu tun«, erwiderte Don Marcos und rieb sich die Hände.

Die Schmuggler, welche zu entfernt standen, um zu hören, was ihr Anführer sagte, waren dennoch nahe genug, um seine Gebärden zu sehen.

Bei diesem Händereiben – für sie ein unfehlbares Zeichen einer nahen Gefahr – wechselten sie einige leise Worte, um sich gegenseitig zu ermutigen, die Fassung zu bewahren.

»Wen werden wir auf dem Wasser finden?«

»Oh, das sollten Sie wohl wissen, die ›Erlösung‹.«

»Sie sind dessen gewiss?«, rief er lebhaft aus.

»Bei Gott, ja!«, versetzte der andere, »Sie laviert seit Sonnenuntergang leewärts vor dem Wind und wechselt Signale mit dem Land.«

»Gut, ans Werk denn!«, und er verließ den Boten, von dem er ohne Zweifel alles erfahren hatte, was er zu wissen wünschte, und näherte sich rasch den am äußersten Rand des Felsenriffs versammelten Schmugglern.

»Doppelte Ladung, Gefährten!«, rief er.

Darauf nahmen mehrere Männer lange Reatas, die aneinandergeknüpft waren, und machten ein Seil von etwa vierzig Meter Länge daraus. Das äußerste Ende, an welchem die beiden letzten Barren befestigt worden waren, ließen sie in den Abgrund fallen, indem sie diese neue Art Seil langsam abwickelten, bis ein rauer Schrei von unten sie benachrichtigte, dass die Barren die Erde berührt hatten.

Das Seil wurde darauf straff angespannt und mit einem Tau an einem großen Felsstück befestigt.

Don Marcos überzeugte sich, dass das Seil gut gespannt war, dann gab er ein Zeichen.

Darauf kletterten die Schmuggler, einer nach dem anderen, bis an den äußersten Rand des Felsenriffs, hielten sich mit den Füßen und Händen am Seil fest und ließen sich sanft in die Tiefe gleiten.

Es wird hier am Platz sein, wenn wir bemerken, dass eine Reata das ist, was die Gauchos einen Lasso nennen. Der einzige Unterschied besteht darin, dass sie anstatt von Flachs aus geflochtenem und geschmiertem Rindsleder ist, was sie außerordentlich geschmeidig und handlich macht. Ihre Dicke pflegt dabei nur einen kleinen Finger stark zu sein.

Es war daher kein Kinderspiel, sich an diesem Seil in eine

Tiefe von vielleicht dreißig Metern hinabzulassen, und zwar mitten in der Nacht und bei einem Wind, welcher – ungeachtet der Anstrengung derjenigen, die das äußerste Ende des Seils hielten, es in heftige Schwingungen versetzte.

Es bedurfte der ganzen Geschicklichkeit, der Kraft und des Mutes, womit diese kühnen Abenteurer begabt waren, dass sie ihr Hinabsteigen bewerkstelligten, ohne wohl zwanzig Mal in Gefahr zu sein, an den Felsen zu zerschmettern.

Während sich seine Gefährten einer nach dem anderen an das Seil hingen mit jener freudigen Sorglosigkeit, welche die Gewohnheit der Gefahr gibt, näherte sich Don Marcos Don Albino und fragte ihn im scherzenden Ton:

»Sind Sie noch immer entschlossen, uns zu folgen?«

»Mehr denn je«, antwortete dieser gerade heraus.

»Bravo! Ich wusste, dass Sie nicht zurückweichen würden«, erwiderte Don Marcos ernst. »Nun noch eins.«

»Ich höre.«

»Kann ich auf Sie zählen?«

»Wie auf sich selbst.«

»Ich spiele heute Nacht eine bereits seit langen Jahren begonnene Partie zu Ende. Der Schlag soll entscheidend sein. Vielleicht werde ich eines Freundes bedürfen.«

»Sehen Sie mich als solchen an«, sagte der junge Mann freimütig.

»Verstehen Sie mich wohl: Ein Missverständnis könnte für mich wie für Sie tödlich werden. Sie müssen mir ohne Hintergedanken auf Wink oder Wort gehorchen.«

»Ich werde Ihnen gehorchen.«

»Welches auch die Folgen davon sein mögen?«

»Ja.«

»Sie versprechen es mir?«

»Ich schwöre es Ihnen auf meine Ehre«, erwiderte der junge Mann mit entschlossenem Ton.

Don Marcos reichte ihm die Hand.

»Haben Sie Dank«, sagte er bewegt. »Ich habe Ihr Wort erhalten. Bedenken Sie, dass bei dem, was vorgehen wird, Sie noch mehr interessiert sind als ich selbst. Kommen Sie«, fügte er hinzu, ohne ihm Zeit zu lassen, um eine Erklärung dieser geheimnisvollen Worte zu bitten. »Wir sind allein übrig geblieben. Es ist an Ihnen, hinabzusteigen.«

»Aber Sie?«

»Ich werde zuletzt gehen. Muss ich nicht die Reata losmachen? Gehen Sie, gehen Sie, wir haben schon zu viel Zeit verloren.«

Don Albino kletterte auf Händen und Füßen über das Felsufer, wie er es von den Schmugglern gesehen hatte. Er klammerte sich kräftig an die Reata, und indem er in seinem Inneren ein Gebet zum Himmel sandte, ließ er sich in den offenen Abgrund unter ihm hinabgleiten.

Das Hinabsteigen ging, obwohl viel schneller, als er es gewünscht haben würde, ohne Unfall vonstatten, und der junge Mann befand sich fast augenblicklich in der Mitte der Schleichhändler, welche ihn gleichsam mit offenen Armen empfingen.

Don Marcos blieb also allein auf dem Gipfel des Felsenriffs. Sobald er sich überzeugt hatte, dass sein junger Gefährte frisch und munter den Erdboden berührt hatte, nahm er eine Pistole aus seinem Gürtel und feuerte, mit dem Rücken dem Meer zugewandt, drei Zündhütchen ab.

Nach einer kurzen Zeit, die nicht zwei Minuten überschritt, bewiesen ihm drei aufeinanderfolgende Lichtstreifen, welche die Finsternis durchbrachen, dass sein Signal bemerkt und verstanden worden war.

»Gut«, murmelte er, »sie sind auf der Hut. Alles geht vortrefflich.«

Er steckte die Pistole wieder in seinen Gürtel und ging auf den Felsen zu, an welchem die Reata befestigt war. Mit bewunderungswürdiger Kaltblütigkeit löste er darauf einen Knoten nach dem anderen, sodass von dem um den Felsblock gewundenen Seil nur noch ein Streifen übrig blieb. Nachdem er die Reata in seiner linken Hand sorgfältig aufgerollt hatte, legte er sich mit dem Leib auf die Erde und kroch in dieser Stellung bis an den äußersten Rand des steilen Gestades, schwang sich hinüber, umklammerte die Reata und ließ sich hinabgleiten, indem er sich nur mit einer Hand hielt und allmählich die Art Rolle in seiner linken Hand abwickelte.

Dieses Unternehmen war im höchsten Grad schwierig und gefährlich. Die geringste falsche Bewegung, ein sich lösender Knoten in der Reata, würde genügt haben, ihn in seiner Verrichtung zu unterbrechen und in den Abgrund zu stürzen. Der Tapferste würde gezaudert haben, eine ähnliche Handlung auszuführen, und wir zweifeln sehr, dass selbst Blondin[1], fabelhaften Angedenkens, es unter solchen Bedingungen gewagt haben würde, in einer finsteren Nacht und bei so heftigem Wind in einen Abgrund von dreißig Metern Tiefe hinabzusteigen.

Indes schien sich Don Marcos wegen der außerordentlichen Gefahr, der er sich aussetzte, durchaus nicht zu beunruhigen, so sicher und geschickt berechnet waren seine Bewegungen. Seine am Fuß des Felsenriffs versammelten Gefährten, obgleich alle Männer von verwegener Kühnheit waren, sahen nur zitternd und mit gepresstem Herzen diesem schrecklichen Hinabgleiten zu. Endlich erreichte Don Marcos den Boden, zur großen Freude der Schleichhändler, die ein »Ah!« der Befriedigung nicht unterdrücken konnten, als sie ihn wohlbehalten in ihrer Mitte sahen.

Kaum hatte er den Sand berührt, als er die Reata mit einem Ruck an sich zog und sie damit fallen ließ.

»Wo ist denn Don Stefano?«, fragte er.

Der Leutnant näherte sich.

»Sind alle Barren an Bord?«, fragte Don Marcos.

»Ja, Señor«, antwortete Don Stefano, »ich habe sie in zwei Schiffe laden lassen.«

»Es scheint mir«, entgegnete Marcos scharf, »dass sie in einem hätten untergebracht werden können.«

»Allerdings, Señor«, erwiderte der Leutnant mit einer gewissen Verlegenheit, »aber ich fürchtete, dass das Schiff zu sehr belastet werden würde. Und da wir nach bestimmten Nachrich-

[1] Jean François Gravelet Blondin (1824–1897), franz. Seiltänzer und Akrobat.

ten, die ich erhalten habe, keinen Angriff von der Douane zu fürchten brauchen …«

»Ein Grund mehr«, unterbrach er ihn in spöttischem Ton, »um nur ein Schiff zu beladen. Was tut es, wenn es langsam segelt, da wir keine Jagd zu fürchten brauchen?«

»Es schien mir …«, stammelte Don Stefano verlegen.

»Es schien Ihnen, Señor?«, wiederholte Don Marcos streng. »Ich allein bin verantwortlich. Ich habe also allein das Recht zu befehlen. Ihre Pflicht ist es, zu gehorchen. Beeilen Sie sich daher, die Befehle, welche Sie erhalten haben, auszuführen.«

Der Leutnant senkte den Kopf unter diesem in Gegenwart aller erhaltenen scharfen Verweis und entfernte sich, ohne etwas zu erwidern und indem er den Schimpf hinunterschluckte, der ihm angetan worden war.

Einige Minuten verflossen. Don Marcos schritt aufgeregt am Ufer entlang, hatte die Brauen zusammengezogen und die Arme auf dem Rücken gekreuzt. Zuweilen blieb er stehen, um einen forschenden Blick über das Meer zu senden, als hätte er die dichte Finsternis durchdringen mögen, welche den Horizont verhüllte.

Von dem Ungewitter blieb keine Spur mehr. Der furchtbare Cordonazo hatte sich in andere Regionen geflüchtet. Das einige Stunden vorher so aufgeregte Meer war jetzt vollkommen ruhig. Die Wellen brachen sich langsam mit klagendem Rauschen am Ufer, während ihre weißen Schaumkämme wie unzählige Diamanten im bleichen Licht der Sterne blitzten, die hier und da den Himmel mit ihrem funkelnden Schein beleuchteten.

Die Nacht rückte vor. Es war ungefähr drei Uhr morgens. In der Ferne, auf der Höhe der Wogen, sah man, gleich einem Irrlicht, einen rötlichen Schein tanzen, welcher, höchstens so breit wie ein Piaster[1], sich bald zu mächtiger Höhe erhob und bald wieder in die Wogen zu versinken schien. Auf dieses Licht konzentrierten sich die ungeduldigen Blicke des Schmugglers.

---

[1] Auch Peso.

Endlich trat Don Stefano wieder hinzu.

»Ihre Befehle sind ausgeführt«, sagte er.

»Gut, Don Stefano«, antwortete Don Marcos. »Ich danke Ihnen für die Schnelligkeit, mit welcher Sie Ihren Irrtum wieder gut gemacht haben. Ich bin eben etwas heftig gegen Sie gewesen. Ich bedauere es und bitte Sie, so gut zu sein und meine aufrichtigen Entschuldigungen anzunehmen.«

»Gewiss, Señor«, stammelte Don Stefano.

»Ich hoffe, dass Sie mir wegen meiner Ungeduld nicht böse sein werden, die überdies unter Umständen wie die, in denen wir uns befinden, wohl zu entschuldigen ist«, unterbrach ihn Don Marcos.

»Zwischen Caballeros genügt ein Wort, Señor. Seien Sie überzeugt, dass alles vergessen ist«, entgegnete Don Stefano mit höflicher Verbeugung.

»Eingeschifft, Gefährten!«, befahl Don Marcos.

Die Schmuggler gehorchten, wie Männer, die Eile hatten, eine Sache zu beenden, und welche jede Verzögerung ungeduldig zu machen begann.

An der Küste des Stillen Ozeans bedient man sich zum Schleichhandel allgemein der Fahrzeuge, deren Vorder- und Hinterteile lang zugespitzt sind, wie die Pirogen zum Walfang. Aber sie sind viel größer und können nötigenfalls zwanzig bis fünfundzwanzig Mann fassen.

Allerdings sind diese Leute sehr eingezwängt und ein Teil von ihnen muss bei manchen Gelegenheiten unter den Bänken der Ruderer liegen bleiben.

Diese Fahrzeuge werden mit einem Schwanzruder geleitet und sind größtenteils vortreffliche Segler. Wir müssen hinzufügen, dass die mexikanischen Schmuggler alle kühne Matrosen sind, welche diese Fahrzeuge mit großer Geschicklichkeit handhaben.

Bald war die ganze Mannschaft an Bord. Sie bestand aus fünfzehn Männern, die mit Flinten, Revolvern, Macheten, Messern und Reatas wohl bewaffnet waren. Das Boot wurde losgemacht und stach in See, fortgetragen auf dem Rücken der Wellen, durch die gemeinsame Anstrengung von zwölf Ruderern, welche es wie eine Seeschwalbe über das Meer dahinfliegen ließ, trotz der schweren Ladung von Silberbarren.

Don Marcos stand im Heck und steuerte. Don Albino saß ihm zur Rechten und Don Stefano zu seiner Linken.

Das Boot nahm seinen Lauf in gerader Linie auf das Licht zu, von dem wir weiter oben gesprochen haben.

Die Schmuggler ruderten kräftig beinahe eine halbe Stunde, dann legten sie auf Befehl Don Marcos' die Ruder bei.

Sie näherten sich rasch dem Schiff, dessen Rumpf und Masten trotz der Finsternis vollkommen sichtbar waren.

»Ohe, Schiff!«, rief Don Marcos mit durchdringender Stimme.

»Holla!«, antwortete man sogleich.

»Sie scheinen auf die Insel zuzutreiben«, sagte der Schmuggler. »Bedürfen Sie eines Lotsen?«

»Wir erwarten ihn mit Ungeduld«, antwortete man wieder.

Don Marcos schoss ein Zündhütchen ab.

Das Schiff antwortete diesem neuen Signal.

»Legt an!«, rief dieselbe Stimme, welche sich bereits hatte vernehmen lassen.

»Haltet euch bereit, uns ein Tau zuzuwerfen!«, sprach Don Marcos, und an seine Gefährten gewendet setzte er hinzu: »Steuern wir darauf los, Caballeros!«

Sämtliche Ruder tauchten zugleich ins Meer und das Fahrzeug nahm wieder Fahrt auf.

Einige Minuten später legte es an der Backbordseite des Schiffes an und nahm seinen Platz am Coupé[1], wo es mittels eines Taus, welches man ihm über das Barkholz[2] zuwarf, befestigt wurde.

»Sind Sie es, Señor Don Marcos?«, fragte ein Seemann, der sich am Coupé zeigte.

»Ja, Señor Kapitän«, antwortete der Schmuggler.

Und indem er die Fallreeps ergriff, die man ihm reichte,

[1] Hier: Geländer, Brüstung, Reling.

[2] Auch Bergholz; besondere, verstärkte, längsschiffs verlaufende Planken.

sprang er an Bord, gefolgt von Don Albino und dem größten Teil seiner Mannschaft.

6. Die »Keusche Susanne«

Das durch die Schmuggler so kühn angeredete Schiff war eine Goélette von neunzig Tonnen; sehr fein und leicht, musste es ein ausgezeichneter Segler sein. Es herrschten eine bewunderungswürdige Ordnung und vollkommene Sauberkeit auf demselben.

Obgleich diese Goélette ein Handelsschiff war, trug sie dennoch zwei Karronaden[1] im Vorderteil und vier kupferne Steinböller[2] im Hinterteil, was ihr ein anmutig kriegerisches Aussehen verlieh.

Der Kapitän, ein starker Mann mit verbranntem Teint, aber mit intelligenten Gesichtszügen und grauen Augen voll Gerissenheit und Schläue, empfing Don Marcos mit Zeichen der offensten Herzlichkeit, und nachdem er ihm mehrmals die Hand geschüttelt hatte, zog er ihn mit sich fort unter das Roof[3], eine Art Wohnung auf dem Hinterteil des Schiffes, welche speziell zu seinem persönlichen Gebrauch bestimmt war.

Don Albino war diesem auf einen Wink des Schmugglers hin gefolgt.

Sobald die Tür hinter den drei Personen wieder geschlossen war, sagte Don Marcos:

»Erlauben Sie mir, Kapitän Guichard, Ihnen den Señor Don Albino, einen meiner besten Freunde, vorzustellen.«

»Er sei willkommen«, antwortete der Kapitän heiter. »Nun, meine Herren, nehmen Sie Platz und erlauben Sie mir, Ihnen ein Glas alten französischen Kognak anbieten zu dürfen, den wir, während wir plaudern, versuchen wollen.«

»Ich nehme Ihr Anerbieten mit Vergnügen an, Kapitän«, ent-

---

[1] Schiffskanonen.

[2] Kanonen zum Verschießen von Steinen.

[3] Dach, Verdeck.

gegnete Don Marcos. »Ich kenne Ihren Kognak seit langer Zeit, und je mehr ich davon trinke, umso besser scheint er mir.«

»Bravo! Das ist ein Wort«, versetzte der Kapitän, während er eine Flasche und drei Gläser, welche er sogleich füllte, auf den Tisch stellte.

»Auf Ihre Gesundheit, meine Herren!«, fügte er hinzu.

Man stieß an und trank.

Kapitän Guichard war ein alter Meerwolf, welcher seit zwanzig Jahren an den Küsten des Stillen Ozeans umherstreifte und sich mit einer unvergleichlichen Geschicklichkeit dem ausgedehntesten Schleichhandel überließ. Seine Goélette, die »Keusche Susanne«, wohl bekannt in den Häfen von Valparaíso bis San Francisco, war der Schrecken der Zollbeamten und sämtlicher Agenten des Fiskus von den verschiedenen Republiken des Küstenlandes.

Ihr Kapitän stand in dem Ruf, ein großer Schmuggler und je nach Bedürfnis ein wenig Pirat zu sein. Ebenso leicht war es, sogleich an seinem stark ausgeprägten, südlichen Akzent zu erkennen, sobald er sich in seiner Muttersprache ausdrückte, dass Kapitän Guichard ein Marseillaise des alten Stammes war, prahlerisch, listig, tapfer bis zur Verwegenheit, der sich mit derselben Leichtigkeit in den verschiedenen Mundarten der fünf Weltteile ausdrückte. Übrigens erfreute er sich eines ausgezeichneten Rufes bei seinen unzähligen Kommittenten[1], da er sich aus den gefährlichsten aber auch zartesten Situationen mit Leichtigkeit, und oft mit großer Geschicklichkeit, mit Ehre herauszuziehen wusste.

Auch wurde er von den Kaufleuten als ein kostbarer Verbündeter angesehen, welche ihre Zuflucht zu ihm und keinen Anstand nahmen, in gewissen Fällen seiner Redlichkeit Waren von beträchtlichem Wert anzuvertrauen.

»Was gibt es Neues an der Küste?«, fragte der Kapitän, indem er sein Glas wieder auf den Tisch niederstellte und befriedigt mit seiner Zunge schnalzte.

---

[1] Auftraggeber.

»Ei, nicht viel, was können wir auch wissen?«, antwortete Don Marcos.

»Freilich wahr. Ihr seid ganz abgesondert von der Welt. Bah, man sagt, die Unwissenheit ist das Glück. Auf Ihre Gesundheit.«

»Auf die Ihrige! Sind Ihre Waren ausgeschifft?«

»Ei, seit länger als zwei Stunden sind sie bereits am verabredeten Ort, unter der Obhut von fünfzehn meiner Matrosen. Ich erwarte nur ihre Rückkehr, um wieder unter Segel zu gehen. Seit gestern schon schwanke ich hier, diesem Vorgebirge gegenüber, von einer Seite zur anderen. Ich versichere Ihnen, ich fange an, mich bedeutend zu langweilen.«

»Ich begreife das.«

»Ohne den verdammten Cordonazo zu rechnen, welcher mich gegen Sonnenuntergang bestürmt hat und mich beinahe an die Küste getrieben hätte.«

»Ja, es war ein harter Sturm, aber jetzt ist er vorüber. Mit Anbruch des Tages werden Sie unter Segel gehen können.«

»Ich hoffe es. Sie trinken nicht? Auf Ihre Gesundheit?

»Auf die Ihrige. Wir werden Sie wohl bald hier wiedersehen, Kapitän!«

»Das ist wahrscheinlich«, entgegnete er mit schlauem Lächeln. »In kurzer Zeit wird für ehrliche Leute, die ihr Geschäft verstehen, in dieser Gegend viel Geld zu gewinnen sein.«

»Wie das?«

»Ich weiß es«, versetzte er mit geheimnisvoller Miene. »Sie werden sehen …«

In diesem Augenblick wurde die Tür geöffnet und ein Offizier erschien.

»Ah, da sind Sie ja, Meister Hoursot«, sagte der Kapitän. »Nun, nimmt es seinen Fortgang?«

»Ja, Kapitän. Es ist fast alles an Bord, aber diese verdammten Barren sind schwer und schwierig zu handhaben.«

»Wollen Sie einmal trinken?«

»Das schlage ich nicht aus, Kapitän. Es macht einen verteufelten Durst. Ich habe eine ausgetrocknete Kehle wie der Nordostwind heute Morgen.«

»Hm, das ist bei Ihnen fast immer der Fall, Meister Hoursot … Auf Ihre Gesundheit!«

»Auf die Ihrige, Kapitän und Gesellschaft«, antwortete der würdige Seemann, indem er mit einem Zuge ein Glas Kognak leerte.

»Haben Sie mir etwas zu sagen?«

»Ja, Kapitän«, erwiderte er und fuhr mit dem Arm über seinen Schnurrbart. »Es ist ein Schiff in Sicht in Südost.«

»Ah! Ah! Und was ist das für ein Schiff?«

»Eine Goélette. Ihre Bewegung scheint mir ziemlich verdächtig. Man würde meinen, dass sie auf uns zusteuert.«

»Lassen wir sie es tun. Das Meer ist für jedermann, es ist die große Straße Gottes. Allein, überwachen Sie das Schiff, und wenn es sich zu sehr nähert, so benachrichtigen Sie mich.«

Meister Hoursot grüßte und entfernte sich.

»Hm«, meinte der Kapitän, »eine Goélette in Sicht, zu dieser Jahreszeit. Was halten Sie davon, Don Marcos?«

»Und Sie, Kapitän?«

»Bei Gott, das scheint mit sehr verdächtig, wenn es nicht die ›Erlösung‹ ist.«

»Sie haben es sogleich erraten, Kapitän Guichard.«

»Hol es der Kuckuck!«, rief er aus, indem er einen provenzalen Fluch mit der spanischen Sprache vermischte, welche er in diesem Augenblick sprach. »Sind Sie dessen gewiss?«

»Vollkommen. Ich beobachte sie schon seit gestern Abend.«

»Ah, es ist die ›Erlösung‹«, begann er wieder und rieb sich die Hände. »Kommandiert sie noch immer Kapitän Ortega?«

»Wenn die Regierung es nicht für angemessen gehalten hat, ihn seit achtundvierzig Stunden durch einen anderen zu ersetzen, so ist er es ohne Zweifel.«

»Oh!«, meinte der Kapitän mit sonderbarer Betonung. »Ich würde nicht böse sein, mit Kapitän Ortega zu plaudern. Ich habe eine alte Rechnung mit ihm zu ordnen und Sie doch auch, Don Marcos, wenn ich nicht irre?«

»Allerdings«, antwortete der Schmuggler mit dumpfer Stimme.

»Er hat also Wind gehabt von der Expedition?«

»Wir sind an Don Remigo Valdez verkauft worden.«

»Mein alter Freund, der Administrator des Zollamtes«, sagte der Kapitän in scherzendem Ton. »Gut, gut, dann werden wir sehen.«

»Gedenken Sie denn, der ›Erlösung‹ Widerstand zu leisten?«

»Bah, Sie glauben doch nicht, dass ich mich kapern lassen werde?«

»Das sage ich nicht, aber Sie könnten die Flucht ergreifen. Die ›Erlösung‹ hat acht Zwölfpfünder und ein Mörsergeschütz im Vorderteil.«

»Was geht das mich an?«, antwortete der Kapitän die Achseln zuckend. »Die ›Keusche Susanne‹ weiß sich auf jede Art zu verteidigen, Don Marcos, und bei Gott, wenn man sie angreift, wird sie sich verteidigen. Zum Teufel mit den Guadalupes[1] – ohne Sie beleidigen zu wollen, und auf Ihre Gesundheit, wie auf die Ihres Freundes, Don Marcos.«

Die Gläser wurden von Neuem geleert und zu einer lebhaften Gesundheit gefüllt, dann verließen der Kapitän und seine Gäste das Roof.

Es begann zu tagen. Die Sterne erloschen einer nach dem anderen in der dunklen Tiefe des Himmels und die Morgendämmerung färbte den Horizont mit ihren glänzenden Tinten. An der äußersten blauen Linie verkündete ein heller roter Schein, der Vorläufer des Sonnenaufgangs, dass dieses Gestirn bald emportauchen und die Natur mit ihrem belebenden und majestätischen Glanz beleuchten würde.

In diesem Augenblick trat eine leichte Goélette allmählich aus der dichten Nebelwolke hervor, welche sie verbarg, und erschien höchstens vier Kabellängen[2] luvwärts von der »Keuschen Susanne«.

Es war ein hübsches Schiff, von schmuckem und kühnem Aussehen, mit seinem schlanken Rumpf und den kokett zurückgeworfenen Masten. Sein sauberes und gut geteertes Takel-

[1] Ein den Mexikanern gegebener Spottname.
[2] Nautische Einheit; 1 Kabel = 185,2 Meter (1/10 Seemeile).

werk, seine hübsch umsäumten Segel und vor allem die drohenden Schlünde von acht kleinen Zwölfpfündern, die an Steuerbord hervorragten, die gebohrten Stückpforten[1] in seinen Barkhölzern und der Achtzehnpfünder auf seinem Vorderkastell bewiesen, selbst wenn es nicht einen langen Wimpel an seinem Hauptmastknopf gehabt hätte, dass dieses Schiff ein zur Überwachung der Küste bestimmter Kreuzer war.

Die Brise war so schwach, dass die Goélette nur sehr langsam vorwärts kam. Sie schwankte von einer Seite zur anderen und vermochte nur schwer ihre Richtung einzuhalten.

»Es ist wirklich die ›Erlösung‹«, sagte der Kapitän heiter. »Wem zum Teufel will sie denn zu Leibe rücken?«

Bei diesem sonderbaren Ausruf konnten sich die Personen, welche sich in der Nähe des Kapitäns befanden, des Lachens nicht enthalten.

»Hören Sie, Meister Hoursot«, fuhr der Kapitän fort, »lassen Sie mit der Einschiffung der Barren fortfahren. Da man jedoch nicht weiß, was geschehen kann, so lassen Sie die Kanonen laden und die Waffen auf das Verdeck bringen. Wie viele Leute haben wir am Bord?«

»Fünfundsiebzig, Kapitän, da fünfzehn mit der Schaluppe und dem großen Boot an Land gegangen sind.«

»Ganz recht. Sagen Sie doch, Don Marcos, wissen Sie, wie hoch sich die Mannschaft der ›Erlösung‹ beläuft?«

»Hundertundsechzig Mann, Kapitän.«

»Das ist nur das Doppelte. Die Sache kann sich machen lassen. Sie bleiben an Bord?«

»Gewiss, wenn Sie es wünschen.«

»Es ist mit gerade recht. Wie viele Leute haben Sie mitgebracht?«

»Fünfzehn, die tapfer sind wie Dämonen.«

»Das ist gerade die Zahl der Matrosen, welche ich an Land geschickt habe. Nun, es stimmt alles aufs Beste. Meister Hoursot, wenn alle Barren an Bord sind, werden Sie die Schaluppe von

[1] Geschützluke.

Don Marcos am Hinterteil des Schiffes befestigen. So, das ist abgemacht. Schiffsjunge, bringe die Flasche. Ein wenig Branntwein wird uns gut tun. Meister Hoursot, Sie werden das Übrige an die Mannschaft verteilen lassen, das wird sie munter machen.«

Diese verschiedenen Befehle, welche der Kapitän mit der ihm eigenen Zungenfertigkeit erteilte, wurden pünktlich ausgeführt.

»Ich fürchte nur«, begann der Kapitän wieder, »dass die Brise sich zu spät erheben könnte. Mit gutem Wind mache ich mich anheischig, meinem liebenswürdigen Kollegen, dem Kapitän Ortega, eine Belustigung zu verschaffen.«

»In dieser Beziehung dürfen Sie unbesorgt sein, Kapitän Guichard«, antwortete Don Marcos und wies mit der Hand nach der Seite des Petatlán. »Sehen Sie diese Wolkenkrone um den Gipfel des Berges? Bevor eine Stunde vergeht, werden Sie einen so heftigen Sturmwind haben, wie Sie ihn sich nur wünschen können.«

»Gott erhöre Sie, mein Freund«, meinte der Kapitän, »dann wird alles gut gehen. Ich bin nur um meine armen Matrosen besorgt, die an Land sind. Aber ich werde ein Mittel ausfindig zu machen suchen, sie wieder an Bord zu nehmen.«

Die Goélette hatte plötzlich ein kriegerisches Aussehen angenommen. Säbel, Pistolen, Flinten, Beile und Lanzen waren am Fuß der Masten aufgehäuft worden. Die Matrosen eilten mit ungewöhnlicher Regsamkeit hierhin und dorthin. Die tapferen Leute kannten ihren Anführer seit langer Zeit. Sie wussten, dass diese Vorbereitungen nicht gemacht waren, um sie nur zu zeigen, sondern dass sie bald mit dem schmucken Schiff, welches so langsam auf sie zukam, handgemein[1] werden würden.

Wie alle Gallier war Kapitän Guichard leicht streitsüchtig. Der Geruch des Pulvers versetzte ihn in einen angenehmen Rausch, und sobald er zum Schießen Gelegenheit fand, hütete er sich wohl, dieselbe entschlüpfen zu lassen, aus Furcht, zu lange warten zu müssen, bis sich wieder eine neue böte.

[1] Sich raufen; wörtl.: sich an den Haaren reißen.

Diesmal hatte der Kapitän außer seiner streitsüchtigen und neckischen Laune noch einen ernsteren Grund, mit der »Erlösung« handgemein zu werden. Kapitän Ortega, welcher von der mexikanischen Regierung beauftragt worden war, die Küsten zu überwachen, um dem Schmuggelhandel Einhalt zu gebieten, war oft mit der »Keuschen Susanne« in Unfrieden geraten, indem er deren Handel auf jede mögliche Weise zu hindern suchte und ihr dadurch ernste Verlegenheiten und selbst bedeutende Verluste zuzog.

Indes bis zu dem Tag, an welchem wir jetzt angekommen sind, hatten sich die »Erlösung« und die »Keusche Susanne« niemals so nahe beieinander befunden. Wie infolge eines stillschweigenden Übereinkommens schienen die beiden Schiffe immer einen Konflikt vermieden zu haben, dessen Folgen sehr ernst werden konnten. Sie hatten sich vielmehr bestrebt, einander auszuweichen und sich bei ihren verschiedenen Begegnungen an der Küste mit leichten Scharmützeln zu Lande oder Schiff gegen Schiff begnügt.

Dieses Mal war Kapitän Guichard entschlossen, mit diesem unbequemen Wächter zum Ende zu kommen, der ihn hartnäckig daran hinderte, dass er sich seinem Handel friedlich hingeben konnte.

Indes der Hass oder vielmehr die Rivalität, welche zwischen ihm und Kapitän Ortega bestand, hinderte den Franzosen nicht, die Eigenschaften der »Erlösung« anzuerkennen. Im Gegenteil, er ließ ihr vollständige Gerechtigkeit widerfahren und bewunderte sie mit jener naiven Freimütigkeit des Seemanns gegenüber einem Schiff, welches die gewöhnliche Linie übersteigt.

»Was für ein schmuckes Schiff ist diese Goélette!«, sagte er zu Don Marcos. »Sie würde mir gefallen. Wie fein, zierlich und schlank sie ist. Sie ist in Bordeaux gebaut. Das erkennt man sogleich. Es gibt nur Bordeaux, Marseille und Nantes, um solche Rümpfe zu verfertigen wie diesen da. Welcher Unterschied zu den schwerfälligen englischen oder holländischen Schiffen! Die ›Keusche Susanne‹ ist mit sehr lieb. Aber wahrhaftig, wenn ich jemals die ›Erlösung‹ in meine Hände bekomme, müsste der sehr schlau sein, der sie mir wieder nehmen wollte.«

Don Marcos und Don Albino hörten lächelnd diese Worte mit an, welche der würdige Kapitän mehr zu sich selbst sprach, als an seine Gäste richtete, und in denen er unbewusst, – wie das immer geschieht, wenn man sich einem lauten Denken überlässt, – seine Pläne enthüllte, für den Fall eines leider wahrscheinlichen Konflikts mit der »Erlösung«.

Allmählich erhob sich der Wind. Die Segel der mexikanischen Goélette blähten sich leicht auf, ihr Lauf wurde schneller und sie begann, sich merklich dem Schmugglerschiff zu nähern.

Plötzlich stieg die Sonne über den Horizont empor. In demselben Augenblick hisste die Goélette die mexikanischen Farben an seiner Gaffel[1] auf und unterstützte dieselben durch einen Kanonenschuss.

»Ei«, meinte Kapitän Guichard. »Sie entschließt sich, uns ihren Namen zu nennen.«

»Welche Farben müssen wir aufziehen, Kapitän?«, fragte Mister Hoursot.

»Die französische Flagge, bei Gott!«, rief der Kapitän aus. »Zeigen Sie diesen Dienern des Teufels, dass wir sie nicht fürchten, und unterstützen Sie die Farben mit einem Kanonenschuss, damit sie sehen, dass wir Pulver an Bord haben.«

Fast augenblicklich wurde eine breite dreifarbige Flagge auf der Gaffel der Goélette gehisst, während zu gleicher Zeit ein Kanonenschuss dumpf über die Wogen dröhnte.

Die Herausforderung war angenommen.

Die »Erlösung« näherte sich immer mehr. Die »Keusche Susanne« blieb dagegen ruhig liegen. Die Matrosen schifften sorglos die letzten *plata-pinna*-Barren ein, ohne auch nur einen gleichgültigen Blick auf das Schiff zu werfen, welches so kühn herbeisegelte, um ihre Handelsoperationen zu stören.

Es verfloss eine Viertelstunde, in welcher keine bemerkens-

[1] Eine um den Schiffsmast drehbare, schräge Segelstange.

werte Veränderung in der gegenseitigen Stellung der beiden Schiffe vorging. Die mexikanische Goélette trieb leewärts und strich die Segel.

Die beiden Schiffe blieben in Schussweite voneinander unbeweglich liegen, nur Kapitän Guichard legte sich ein wenig auf die Steuerbordseite, um sich den Kugeln des Feindes so wenig wie möglich auszusetzen, wenn dieser Lust haben sollte, die Feindseligkeiten ohne vorhergehende Benachrichtigung zu beginnen.

Aus der Wendung des mexikanischen Schiffes ließ sich leicht erkennen, dass, wenn im letzten Augenblick seinem Kapitän nicht gänzlich der Mut entsunken war, sich seiner dennoch eine plötzliche Unschlüssigkeit bemächtigt hatte bei der stolzen Gleichgültigkeit seines Gegners.

Die Schmuggler folgten mit spöttischer Miene den Bewegungen des Kreuzers.

Plötzlich schien dieser einen Entschluss zu fassen. Es wurde ein Boot herabgelassen und mehrere Männer stiegen hinein, die mit Säbeln und Flinten bewaffnet waren.

Das Boot wurde von Bord des Schiffes losgemacht und steuerte auf die »Keusche Susanne« zu.

Der Kapitän richtete sein Fernrohr auf dieses Boot, lächelte und sagte zu seinem Leutnant gewandt, indem er mit der linken Hand den Tubus wieder hineinstieß:

»Meister Hoursot, decken Sie die am Fuß der Masten befindlichen Waffen mit Segeltüchern zu, die Mexikaner brauchen nicht zu wissen, dass wir auf der Hut sind. Ein Mann soll sich außerdem bereithalten, den Besuchern ein Tau zuzuwerfen.«

Nachdem der Kapitän diese Befehle erteilt hatte, begab er sich auf das Hinterteil des Schiffes.

»Der Teufel hole mich, wenn sie keine Narren sind«, sagte er zu Don Marcos. »Wissen Sie, wer die Personen sind, die zu uns an Bord kommen?«

»Ich gestehe Ihnen, dass ich sie nicht erkannt habe«, antwortete dieser.

»Kein anderer als der edle Kapitän Ortega und sein würdiger

Helfershelfer Don Remigo Valdez, der Administrator des Zollamts.«

»Nicht möglich!«, rief Don Marcos.

»Es ist die Wahrheit, Sie werden sehen. Ohe!«, rief er dem Leutnant zu. »Sie werden nur die Offiziere an Bord steigen lassen, hören Sie, Meister Hoursot?«

»Gewiss, Kapitän«, antwortete der alte Seemann.

Der Franzose blickte über das Barkholz.

»Sie werden anlegen«, sagte er. »Steigen Sie in das Zwischendeck hinab, meine Herren. Es ist für jetzt unnötig, dass man Sie sieht. Lassen Sie mich unsere Besucher empfangen. Sobald es Zeit sein wird zu erscheinen, werde ich Sie benachrichtigen.«

Don Marcos und Don Albino machten keine Einwendungen gegen diesen Entschluss, dessen Richtigkeit sie erkannten, und nachdem sie dem Kapitän die Hand gedrückt hatten, gingen sie hinunter in die Wohnung der Matrosen, wo die anderen mexikanischen Schmuggler bereits versammelt waren.

Auf dem Verdeck blieben nur der Kapitän und die Hälfte der Mannschaft der Goélette zurück.

Die Seeleute schienen sehr beschäftigt im Takelwerk, wo sie mit der friedlichsten Miene arbeiteten, die sie annehmen konnten.

Das mexikanische Fahrzeug legte endlich an Steuerbord an.

Es war ein großes Boot, das im Vorderteil einen Steinmörser trug. Seine Besatzung bestand aus zwölf Mann, welche die Ruder handhabten und mit Säbel und Flinte bewaffnet waren.

Zwei Personen in Uniform saßen in der Kajüte des Hinterteils.

Als Meister Hoursot sah, dass das Boot im Begriff war, an Bord anzulegen, neigte er sich über das Coupé.

»Señores«, sagte er, »ich habe Order, nur die Offiziere, welche an Bord sind, heraufsteigen zu lassen.«

Eine der beiden Personen, von denen wir gesprochen haben, ein großer, hagerer Mann mit knochigen Gesichtszügen und schielendem Blick, sprach einige leise Worte mit seinen Matrosen und wandte sich darauf an den Leutnant.

»Es ist gut, mein Herr«, sagte er auf Französisch zu ihm, »es werden nur die Offiziere hinaufsteigen.«

Meister Hoursot ließ das Fallreep hinab, ohne eine Antwort zu geben. Die beiden Offiziere stiegen die Treppe hinauf und befanden sich in wenigen Sekunden auf dem Verdeck.

»Ich wünsche, den Kommandanten dieses Schiffes zu sprechen«, sagte der Offizier, welcher schon einmal das Wort geführt hatte und der kein anderer als Kapitän Ortega war.

»Der Kommandant ist in seinem Roof«, antwortete Meister Hoursot. »Ich werde die Ehre haben, Sie zu ihm zu führen.«

Kapitän Ortega ließ einen forschenden Blick über das Verdeck gleiten, ohne etwas Verdächtiges zu bemerken, so gut waren die Vorsichtsmaßregeln der Schmuggler getroffen.

»Lassen Sie uns gehen«, sagte er.

»Wen soll ich melden?«, fragte Meister Hoursot unerschütterlich.

»Melden Sie den Kapitän Ortega, Kommandant der ›Erlösung‹, Goélette der mexikanischen Konföderation, und den Señor Don Remigo Valdez, Administrator des Zollamtes.«

7. Kapitän Guichard

Kapitän Guichard hatte die wenigen Minuten, über welche er verfügen konnte, genutzt. Als die Mexikaner, durch Meister Hoursot angemeldet, in die Kabine traten, fanden Sie ihn über eine vor ihm ausgebreitete Karte geneigt und scheinbar sehr beschäftigt, sie zu studieren.

Bei der Meldung, die ihm gemacht wurde, richtete er sich rasch auf und verneigte sich mit lächelnder Miene vor den beiden Offizieren.

»Seien Sie mir willkommen, meine Herren«, sagte er. »Welchem glücklichen Umstand verdanke ich Ihren angenehmen Besuch?«

Die Mexikaner tauschten einen Blick der Überraschung aus. Sie begriffen diesen herzlichen Empfang nicht.

»Mein Herr«, antwortete Kapitän Ortega, »es scheint mir, dass mein Name und der dieses Herrn Sie über die Motive hätte aufklären müssen, die uns hierher führen.«

»Nicht im Geringsten, meine Herren, das versichere ich Ihnen«, erwiderte der Marseillaise, immer höflicher werdend. »Aber wollen Sie sich nicht niederlassen? Man wird Ihnen Erfrischungen bringen«, fügte er hinzu, indem er auf eine Glocke schlug.

Meister Hoursot erschien. Kapitän Guichard sagte ihm einige Worte in provenzalischer Sprache, welche die Mexikaner zu ihrem großen Verdruss nicht verstanden.

»Verzeihen Sie, Herr Kapitän«, sagte Don Remigo, ein kleiner dicker Mann mit Ausschlag im Gesicht, »ich glaube, dass wir uns nicht verstehen.«

»Warum dies, mein Herr?«, fragte ihn der Marseillaise, indem er ruhig seine Karte zusammenrollte.

»Weil Sie uns für Freunde anzusehen scheinen, die Ihnen einen Besuch machen«, antwortete der Administrator des Zollamts.

»Sollten Sie etwa Feinde sein?«, entgegnete lachend der Kapitän.

Ein Schiffsjunge hatte Gläser und Flaschen herbeigebracht.

Der Franzose füllte ruhig die Gläser.

»Ich empfehle Ihnen diesen alten, echten Kognak, meine Herren«, sagte er. »Ich habe die Ehre, auf Ihre Gesundheit zu trinken.«

»Beenden wir das, mein Herr«, sprach Kapitän Ortega, indem er das Glas zurückstieß, welches der Marseillaise ihm anbot. »Wir sind nicht hierhergekommen, um Höflichkeiten auszutauschen.«

»Und warum sind Sie dann gekommen, wenn es beliebt, meine Herren?«, fragte der Kapitän, indem er sich stolz emporrichtete.

»Wir sind gekommen, um Ihr Schiff zu durchsuchen.«

»Mein Schiff zu durchsuchen!«, lachte der Marseillaise. »Gehen Sie, Sie scherzen. Lassen Sie uns lieber etwas trinken, meine Herren.«

»Kapitän Guichard«, sagte der mexikanische Offizier in schroffem Ton, »Sie versuchen vergeblich, uns zu täuschen, Sie sind ein Schmuggler. Sie haben nicht allein heute Nacht Schmuggelwaren erhalten, sondern auch ausgeschifft.«

»Sie glauben, Kommandant?«, meinte er in scherzendem Ton.

»Unsere Nachrichten sind sicher, Sie brauchen sich nicht mehr zu verstellen. Eine Schmugglerschaluppe, deren Mannschaft sich noch bei Ihnen an Bord befindet, ist am Hinterteil Ihres Schiffs befestigt, Sie sind auf frischer Tat ertappt.«

Kapitän Guichard schlürfte langsam sein Glas Kognak, ohne eine andere Bewegung zu machen.

»Sie haben unrecht, diesen Kognak auszuschlagen«, sagte er, »er ist auf Ehre vortrefflich.«

Der mexikanische Offizier stampfte zornig mit dem Fuß.

»Ah«, rief er aus, indem er die Fäuste fest zusammenballte, »Sie machen sich über uns lustig!«

»Wahrhaftig, Sie haben lange Zeit gebraucht, um dies zu bemerken«, antwortete jener lachend.

Es war eine schroffe Antwort. Kapitän Ortega erhielt sie gerade ins Gesicht und schäumte vor Wut.

»Kapitän«, rief er aus und legte die Hand an seinen Degen, »ich erkläre Ihr Schiff für rechtmäßige Beute.«

»Versuchen Sie das!«, lachte der Kapitän. »Also ganz *ex abrupto*[1] wollen Sie mich gefangen nehmen?«

»Ja, mein Herr«, antwortete der Kommandant mit einer tragischen Gebärde.

»Mein Gott, was diese Mexikaner für Prahler sind!«, sagte der Kapitän, indem er mit mitleidiger Miene die Achseln zuckte. »Wissen Sie, wer in diesem Augenblick gefangen ist, edler Kommandant? Sie und jener Herr, die Sie einfältig genug waren, in die Falle zu gehen, welche ich für Sie aufgestellt hatte. Wissen Sie denn nicht, dass zwischen Frankreich und Mexiko der Krieg erklärt ist? Es gibt hier keine Schmuggler mehr, Sie sind auf einem französischen Schiff, dessen Kapitän Sie nicht allein

[1] Plötzlich.

zum Gefangenen macht, sondern der noch, ehe eine Viertelstunde vergeht, Herr Ihres Schiffes sein wird. Glauben Sie, mich durch Ihre Prahlerei zu erschrecken? Bei Gott!«, setzte er mit furchtbarer Stimme hinzu. »Wenn die ›Erlösung‹ nicht in einer Viertelstunde übergeben ist, so werden Sie kriegsrechtlich gehenkt, meine Herren, das schwöre ich auf meine Ehre. Zu mir, ihr anderen!«

Die Tür der Kabine wurde aufgerissen, und noch bevor die mexikanischen Offiziere Zeit hatten, sich zu besinnen, waren sie entwaffnet und auf das Verdeck geschleppt.

Die »Keusche Susanne« war unter Segel, sie hatte die »Erlösung«, welche noch immer aufgebrasst[1] lag und deren Mannschaft ziemlich erstaunt über das sonderbare Benehmen des französischen Schiffes sein musste, weit hinter sich gelassen.

Die mexikanische Schaluppe, dessen Taue unbemerkt locker gelassen worden waren, wurde durch die Goélette ins Schlepptau genommen.

Ein Blick genügte dem Kommandanten Ortega, um zu erkennen, in welcher üblen Lage er sich befand.

Don Remigo Valdez dagegen, der von Natur sehr wenig tapfer war, zitterte an allen Gliedern und glaubte sich schon mehr als halb gehenkt.

Kapitän Ortega blieb gefasster, obwohl er innerlich sehr erschreckt war und sich fragte, wie er sich aus dieser schlimmen Lage herauswinden sollte.

Wir müssen hier in wenigen Worten erklären, wie es kam, dass es Kapitän Ortega gewagt hatte, sich an Bord eines französischen Schiffes zu begeben und sich den Händen eines Mannes zu überliefern, dessen Charakter er vollkommen kannte und den er fähig wusste, es in Betreff seiner Person bis aufs Äußerste zu treiben.

Das Geheimnis der Expedition der Schmuggler war durch einen Verräter an Don Remigo Valdez – wohlverstanden mittels Geld – verkauft worden.

[1] Die Segel so in den Wind gestellt, dass sich das Schiff nicht bewegt.

Der Administrator des Zollamtes hatte sich sogleich mit Kapitän Ortega verständigt, sich nicht allein der von dem französischen Fahrzeug eingeschifften Waren zu bemächtigen, sondern auch das Schiff zu nehmen und die Küsten Mexikos von dem kühnen Schmuggler zu befreien, der sie seit so langer Zeit ausbeutete.

Demzufolge war an der Stelle, wo die an Land geschickten Franzosen ihre Ausschiffung bewirken sollten, ein Hinterhalt gelegt worden, und gerade in dem Augenblick, wo ihr Boot landete, war es plötzlich von Zollbeamten überfallen und seine ganze Mannschaft ohne einen Schwertstreich zu Gefangenen gemacht worden. Der Angriff war so plötzlich, dass die Franzosen, so unvermutet überrascht, nicht die Zeit gehabt hatten, ihre Waffen zu ergreifen.

Nach der zwischen Kapitän Guichard und seinen Kommittenten vorhergegangenen Übereinkunft war der erstere für die Waren verantwortlich, welche er einzuschmuggeln übernahm. Nun aber ruinierte ihn die Wiedererstattung der von den Zollbeamten fortgenommenen Waren vollständig. Außerdem hatten diese fünfzehn Geißeln in den Händen, um für die Behandlung zu bürgen, welche gegen Kapitän Ortega oder Don Remigo Valdez eingeschlagen würde, für den Fall, dass Kapitän Guichard sich weigern sollte, sein Schiff zu übergeben, und die mexikanischen Offiziere an Bord zurückhalten würde.

Die Maßregeln des Kommandanten waren also sehr geschickt getroffen, und so kühn sein Verfahren auch war, so hatte es dennoch nichts Vermessenes.

Auf der anderen Seite war Kapitän Guichard, trotz der Sicherheit, die er zur Schau trug, weit entfernt, in Betreff seines Schiffes und dessen Ladung ruhig zu sein. Auch war er entschlossen, obgleich er sich sehr zornig stellte, die Sache nicht aufs Äußerste zu treiben.

Die Situation war also durchaus nicht verzweifelt für die beiden mexikanischen Offiziere. Es handelte sich einfach nur darum, sich zu verständigen.

Allein die Wahrheit ist, dass, wenn Kapitän Ortega geahnt hätte, dass er es mit einem so entschlossenen Mann, wie es der tapfere Marseillaise war, zu tun hätte, er sich wohl gehütet haben würde, sich so tollerweise an dessen Bord zu begeben.

»Die Mannschaft aufs Deck!«, befahl Kapitän Guichard. »Wir wollen das Schiff wenden. Meister Hoursot, lassen Sie zwei Histaue[1] bereitlegen.«

Dieser letzte so kalt erteilte Befehl verursachte bei den Gefangenen einen Schreckensschauder.

Diese Refftaue[2] waren offenbar bestimmt, sie in die Ewigkeit zu befördern.

Kapitän Ortega trat einige Schritte vor, um sich dem Marseillaisen zu nähern.

»Sie wollen das Schiff wenden, Kapitän?«, sagte er zu ihm in einschmeichelndem Ton.

»Ja«, versetzte dieser scherzend, »ist Ihnen dies ungelegen?«

»Keineswegs, Kapitän.«

»Ich wünsche, mich der ›Erlösung‹ wieder zu nähern, die ich zu weit hinter uns gelassen habe, obwohl sie bestimmt ist, uns zu folgen.«

»Nach Ihrem Gefallen, Herr Kapitän. Allein bevor Sie dieses Verfahren ausführen lassen, wünsche ich einige Worte mit Ihnen zu sprechen.«

»Darauf soll es nicht ankommen, lieber Herr. Sprechen Sie, ich höre.«

»Verzeihen Sie, aber es scheint mir, dass wir dies besser in Ihrer Kabine als hier tun könnten.«

»Ah, wollen Sie vielleicht beichten?«, meinte er mit grobem Lachen.

Dieser brutale Scherz versetzte den armen Administrator in ein nervöses Zittern. Der Offizier blieb indes unbewegt.

»Vielleicht«, antwortete er mit einem feinen Lächeln.

Der Kapitän schien zu überlegen.

---

1 Seile auf Schiffen, mit denen etwas in die Höhe gezogen und wieder heruntergelassen wird.

2 Taue zum teilweisen Wegnehmen des Segels.

»Kommen Sie«, sagte er endlich.

Und indem er von seiner Quartbank[1] stieg, schritt er auf die Kabine zu, wohin seine Gefangenen ihm folgten.

»Setzen Sie sich und plaudern wir«, sprach er und schloss die Tür hinter sich. »Was haben Sie mir zu sagen?«

»Ich habe Ihnen einen Vorschlag zu machen, Herr Kapitän«, antwortete der Mexikaner gerade heraus.

»Ah! Ah!«, meinte der Kapitän. »Einen Vorschlag. Es müsste ein sehr guter sein, wenn ich ihn annehmen soll. Doch einerlei, lassen Sie hören! Aber vor allem, trinken Sie einen Schluck! Nichts verursacht solchen Durst wie das Sprechen. Sind Sie nicht auch dieser Meinung?«

»Vollkommen«, erwiderte der Offizier, indem er sein Glas hinreichte, welches der Franzose bis an den Rand füllte.

»Jetzt lassen Sie hören«, sagte der Kapitän.

»Señor Guichard«, begann der Mexikaner wieder, »lassen Sie mich Ihnen vor allem meine aufrichtigen Entschuldigungen aussprechen. Ich kannte Sie nicht. Ich sehe jetzt, dass Sie wirklich ein Mann von Charakter und Entschlossenheit sind.«

»Ja, ja«, antwortete dieser lächelnd, »ich habe diesen Ruf an der Küste. Ich bitte Sie, gehen wir darüber hinweg und kommen wir zur Sache.«

»Die Sache ist folgende: Welches Lösegeld fordern Sie, wenn Sie uns die Freiheit wiedergeben?«, fragte er dreist.

»Hm!«, entgegnete der Kapitän, indem er sich hinter dem Ohr kratzte. »Ich gestehe Ihnen, dass ich durchaus nicht die Notwendigkeit einsehe, Ihnen die Freiheit wiederzugeben. Ich ziehe es vor, Sie zu behalten, denn Sie haben mich in der letzten Zeit sehr gequält, lieber Herr.«

»Mein Gott, dies kommt daher, dass wir uns nicht kannten und uns nicht verständigt haben, wissen Sie …«

»Ich weiß, ich weiß«, unterbrach er ihn. »Aber warum auch, zum Teufel, sind Sie so anmaßend, das, was einmal ist, ändern zu wollen?«

[1] Ein Platz des Kapitäns auf Deck.

»Ich habe durchaus nicht diese Absicht«, behauptete lebhaft der Offizier.

»Sie sind jedoch sehr dabei beteiligt. Es scheint mir indes, dass zehn Prozent vom Hundert, welche ich Ihnen anbiete, eine ganz hübsche Summe ausmachen, und dass Sie sich damit begnügen sollten.«

»Gewiss, das ist in der Tat hübsch. Don Remigo hatte mir fünf gesagt, und Sie werden zugeben müssen …«

»Oh, Don Remigo«, rief der Kapitän aus, »täuschen Sie so Ihren Verbündeten?«

»Aber …«, stammelte der Administrator.

»Schweigen Sie, mein Herr!«, sagte der Offizier rau. »Ihr Benehmen ist unwürdig!«

Der arme Administrator senkte demütig den Kopf unter dem zornigen Blick des Offiziers. Dieser fuhr fort:

»Versuchen wir, uns zu verständigen. Ich werde Ihnen Ihre Leute und Ihre Waren, die ich Ihnen genommen habe, wieder zurückgeben.«

»Ah! Ah!«, versetzte der Kapitän und biss sich ärgerlich auf die Lippen. »Sie haben mein Fahrzeug weggenommen?«

»Mein Gott, ja«, entgegnete der Offizier einfach.

»Und dann?«, fragte der Kapitän.

»Wie, und dann?«, rief jener mit einem gut gespielten Erstaunen.

»Ja, dieses Lösegeld scheint mir ziemlich mager zu sein, und dann ist noch jenes für die Goélette zu bestimmen.«

»Oh! Oh! Sie ist noch nicht genommen.«

»Nein, aber sie wird es noch vor einer Stunde sein.«

Dies wurde in einem so harten, abweisenden Ton gesprochen, dass er jede weitere Bemerkung abschnitt.

Der Kapitän erhob sich.

»Geben wir zu, dass Sie die Goélette nehmen«, begann der Offizier wieder.

»Ich werde sie nehmen«, entgegnete Kapitän Guichard bestimmt.

»Es sei. Sie werden sie nehmen, was wollen Sie?«

»Hören Sie«, sagte der Kapitän, indem er sich wieder setzte, »Geschäfte sind Geschäfte, nicht wahr! Ich bin Kaufmann, nichts anderes. Ich wünsche nichts mehr, als mich mit Ihnen zu verständigen. Meine Bedingungen werden nicht hart sein, allein sie sind entweder anzunehmen oder zurückzuweisen. Ich lasse keine Diskussion zu.«

»Lassen Sie die Bedingungen hören«, sagten die beiden Gefangenen mit beginnender Hoffnung.

»Es sind Folgende: Vor allem werden Sie mir mein Fahrzeug, meine Leute und meine Waren zurückgeben.«

»Zugegeben«, erwiderten sie.

»Für dieses Mal werden die Waren frei ans Land gesetzt werden.«

»Angenommen.«

»Jedes Mal, wenn ich an dieser Küste Waren ein- oder ausschiffe, werde ich Ihnen eine bestimmte Abgabe von sieben Prozent für das Hundert zahlen, welche Sie unter sich teilen mögen.«

»Sie hatten zehn gesagt.«

»Es ist möglich, aber jetzt will ich nicht mehr als sieben geben.«

»Es sei. Wir nehmen auch dies an.«

»Hier sind Papier, Feder und Tinte. Sie werden mir nach gehaltener Sitzung einen doppelten Kontrakt ausstellen, in welchem alle diese Bedingungen detailliert und von Ihnen beiden unterzeichnet sein müssen.«

»Wozu soll dieses Papier dienen?«

»Um Sie heulen zu lassen, wenn Sie eines Tages die Anwandlung haben sollten, mir einen schlechten Streich zu spielen«, sagte er grob.

»Oh, welcher Gedanke!«, riefen sie aus.

»Nehmen Sie an?«

»Wir nehmen an.«

»Wohlan, so schreiben Sie.«

Sie machten sich sogleich ans Werk. Sobald sie geendet hatten, las der Kapitän aufmerksam den Kontrakt durch und erwog sorgfältig die Ausdrücke desselben. Dann faltete er die beiden Papiere zusammen und steckte sie in seine Tasche.

»Ist das alles?«, fragte Kapitän Ortega.

»Noch nicht«, erwiderte er. »Es bleibt mir noch übrig, den Namen des Mannes zu erfahren, der uns verkauft hat.«

»Das ist Don Remigos Sache.«

»Er heißt Don Stefano Lobo«, gab der Zollverwalter mit erloschener Stimme zur Antwort.

»Danke, meine Herren, Sie sind frei, das heißt, Sie werden sogleich an Land steigen und einer Vertrauensperson, die Sie begleiten wird, mein Fahrzeug übergeben.«

»Und wer ist diese Person?«, fragte der Offizier.

»Sie kennen dieselbe«, entgegnete der Kapitän mit pfiffiger Miene, indem er auf eine Glocke schlug, »es ist Don Marcos.«

Kapitän Ortega wurde bleich wie eine Leiche. Er war gezwungen, sich gegen die Wand der Kabine zu stützen, um nicht umzufallen, aber er fasste sich sogleich wieder.

»Es sei«, sagte er mit dumpfer Stimme.

Meister Hoursot trat ein.

»Geben Sie diesen Herren ihre Degen zurück, sie sind frei. Legen Sie das Boot der Mexikaner an und lassen Sie sie einschiffen. Meine Herren, ich lasse Sie einige Augenblicke allein.«

Er verließ die Kabine und befahl einem Schiffsjungen, Don Marcos zu rufen.

Dieser erschien sogleich.

Der Kapitän teilte ihm in wenigen Worten mit, was zwischen ihm und seinen beiden Gefangenen vorgegangen war, und übergab ihm den einen der beiden Verträge.

»Da ist Ihr Geleitbrief«, setzte er hinzu. »Handeln Sie, wie Sie es für angemessen halten. Ich habe mein Bestes getan, das Übrige ist Ihre Sache.«

»Haben Sie Dank«, antwortete Don Marcos bewegt. »Haben Sie Dank. Es ist mehr als das Leben, was Sie mir in diesem Augenblick geben. Es ist die Rache.«

»Seien Sie vorsichtig, mein Freund! Bedenken Sie, dass ich nicht mehr da sein werde, um Ihnen zu Hilfe zu kommen.«

Don Marcos nahm ihn beiseite, und sie sprachen einige Minuten lebhaft und leise miteinander.

»Gut, es mag sein«, sagte endlich der Kapitän, »da Sie es fordern.«

»Ich bitte Sie darum, mein Freund«, antwortete Don Marcos.

»Es ist abgemacht.«

»Kapitän«, sagte Meister Hoursot, welcher sich genähert hatte, »es ist alles bereit.«

»Streicht die Segel und gebt dem Boot der Goélette ein Zeichen anzulegen. Sie, mein Freund«, setzte er zu Don Marcos gewendet hinzu, »steigen Sie in Ihr Fahrzeug und auf Wiedersehen. In wenigen Augenblicken werde ich Ihnen meine Exgefangenen schicken. He! He!«, meinte er und rieb sich die Hände. »Ich glaube, dass wir sie dieses Mal in unserer Gewalt haben.«

Und nachdem er nochmals seinem Freund die Hand gedrückt hatte, kehrte er in die Kabine zurück.

»Meine Herren«, wandte er sich an die Mexikaner, »wenn Sie geneigt sind, das Schiff zu verlassen – man erwartet Ihr Belieben.«

»Wohlan, mein lieber Kapitän, wir sind bereit«, antwortete der Kommandant.

»Ich habe Befehl gegeben, Ihr Boot anlegen zu lassen, da ich vermutete, dass Sie Ihrer Mannschaft gewisse Weisungen zu geben haben würden.«

»Ich danke Ihnen, Kapitän, ich habe in der Tat einige Order zu erteilen.«

So plaudernd waren sie auf das Verdeck gekommen.

Der Kapitän neigte sich hinaus.

»Hier ist das Boot, es legt an«, sagte er.

»Meister Hoursot, lassen Sie den Patron heraufsteigen, der Kommandant wünscht ihn zu sprechen.«

Kapitän Ortega biss sich auf die Lippen. Er fühlte sich durchschaut. Wider Willen war er gezwungen, offen zu handeln. Der Marseillaise schien seine geheimsten Gedanken erraten zu haben.

Auf einen Wink Meister Hoursots war der Patron an Bord gestiegen.

»Lopez«, sagte sein Kommandant zu ihm, »kehren Sie auf die Goélette zurück, ein dringendes Geschäft nötigt mich, ans Land zu gehen. Kapitän Guichard leiht mir ein Boot, ich bedarf Ihres daher nicht. Sie werden dem Leutnant sagen, dass er sogleich das Schiff wenden und sich auf die Reede von Siguantanejo begeben soll. Er kann in zwei Stunden dort sein. Heute Abend werden Sie mich mit Sonnenuntergang an Land abholen. Haben Sie mich verstanden?«

»Ja, Kommandant«, erwiderte der Patron.

»Es ist gut! Sie können aufbrechen.«

Der Patron grüßte und stieg wieder in sein Boot hinab, welches sogleich von Bord losgemacht wurde und die Richtung auf die »Erlösung« nahm.

»Nun, mein lieber Kommandant«, sagte der Kapitän, »wollen Sie so gut sein, sich an Backbord zu begeben, und der Herr Zolladministrator ebenfalls. Das Boot ist zu Ihrer Aufnahme bereit.«

»Leben Sie wohl, mein lieber Kapitän, ich werde mich Ihrer angenehmen Gastfreundschaft erinnern«, sagte der mexikanische Offizier mit einem bitteren Lächeln.

»Auf Wiedersehen und ohne Groll, mein lieber Kommandant. Ich hoffe, dass künftig keine Wolke mehr zwischen uns treten wird und dass unsere Beziehungen immer gut sein werden.«

Nach diesem spöttischen Lebewohl trennten sich die drei Männer.

Die beiden Offiziere stiegen in das Schmugglerboot, welches sogleich sein Tau schießen ließ und aus allen Kräften auf das Land zu ruderte.

Die Goélette richtete ihre Segel nach dem Wind und stach in See. Bald erschien sie nur noch als ein unmerklicher Punkt am Horizont.

Don Remigo Valdez und Kapitän Ortega hatten sich stillschweigend im Hinterteil des Bootes niedergesetzt. Während der ganzen Überfahrt, welche länger als drei Stunden dauerte, sprachen sie nicht ein Wort.

Die Schmuggler sangen, um nach dem Takt zu rudern.

8. Der Besuch

Marcela hatte unsichtbar der Abreise von Don Marcos und Don Albino zu ihrer nächtlichen Expedition beigewohnt. Die arme Kleine fühlte ihr Herz vor Schrecken in ihrer Brust erbeben, als sie den, welchen sie so zärtlich liebte, mit dem Mann davonreiten sah, gegen welchen sie einen instinktmäßigen Widerwillen empfand und den sie, ungeachtet der Sorgfalt, mit der er sie umgab, und der achtungsvollen und ergebenen Freundschaft, welche er ihr unaufhörlich bewies, als einen Feind betrachtete, der umso mehr zu fürchten war, als er unter dem verführerischsten Äußeren den Hass verbarg, von dem er, wie sie vermutete, gegen sie erfüllt war.

Wenn Don Marcos in dem Haus in ihrer Nähe weilte und ihre Blicke sich auf sein bleiches und schönes Gesicht richteten, wenn die ernsten Töne seiner wohlklingenden Stimme an ihr Ohr schlugen, fühlte sie, wie der Zweifel in ihr Herz einzog. Sie überraschte sich bei der Frage, ob dieser dem Anschein nach so edle und treuherzige Mann, dessen Benehmen gegen sie immer gleich geblieben war, welcher endlich ihr als Vater gedient und sie mit so vieler Selbstverleugnung und wahrer Zärtlichkeit erzogen hatte, wirklich der Mörder ihres Vaters sei und nicht im Gegenteil das unschuldige Opfer einer gehässigen Verleumdung.

Aber sobald sie allein war und nicht mehr dem unwiderstehlichen Einfluss unterlag, den dieser seltsame Mann auf sie ausübte, fühlte sie massenweise und stärker als zuvor alle ihre Verdachtsgründe wiederkehren. Sie erinnerte sich, dass sie die ersten Aufklärungen dieser entsetzlichen Katastrophe von einem ergebenen Freund ihres unglücklichen Vaters erhalten hatte, welcher dabei keinen anderen Zweck hatte, als sie aufmerksam zu machen, auf der Hut zu sein. Damals erschreckte sie Don Marcos und sie bat den Himmel, sie von diesem Ungeheuer zu befreien, als dessen Opfer sie sich betrachtete.

Die ganze Nacht verfloss für das junge Mädchen in einer fieberhaften Aufregung, ganz bevölkert von Phantomen und düsteren Visionen. Mit nervösem Beben lauschte sie auf die unheimlichen Klagetöne des Windes, der pfeifend durch die Zweige der Bäume fuhr, und auf das dumpfe Brausen des sich am Strand brechenden Meeres.

Kaum zeigten sich die ersten Lichtstreifen des anbrechenden Tages, als sie ihr Lager verließ, sich traurig und träumerisch an das Fenster ihres Zimmers setzte, die dichten Locken ihres üppigen Haares den Küssen des Morgenwindes überließ und mit Wohlgefallen den scharfen Duft einsog, der sich vom Meer erhob.

Indes flossen die Stunden dahin, ohne dass irgendetwas Marcela die Rückkehr derjenigen oder vielmehr desjenigen verkündet hätte, den sie erwartete. Ihre Unruhe vermehrte sich allmählich, ihr Herz schnürte sich unter der Wucht einer unbeschreiblichen Angst zusammen. Sie hatte das Vorgefühl eines Unglücks.

Ihre gleichgültigen Blicke irrten über das Meer, welches bevölkert war mit zahlreichen mit Fischern bemannten Pirogen, die sich mit freudigem Gesang entfernten, dessen Refrain aus den Flügeln des Morgenwinds an ihr Ohr getragen wurde.

Plötzlich schauderte sie und ihr Blick richtete sich auf einen Punkt am Horizont, wo soeben ein Schiff erschienen war.

»Die ›Erlösung‹«, murmelte sie.

Das Schiff lief langsam in den Hafen ein, ließ seinen Anker fallen und reffte die Segel.

»Ich muss den Kapitän sehen«, sagte sie. »Es muss sein. Im Namen meiner Mutter werde ich ihn beschwören, sich endlich zu erklären.«

In diesem Augenblick ließ sich in kurzer Entfernung der Galopp mehrerer Pferde hören. Lindo bellte freudig, und einer der indianischen Peonen[1] klopfte an die Tür des Zimmers des jungen Mädchens.

[1] Landarbeiter.

»Ninna, Ninna«, rief er, »kommen Sie, kommen Sie schnell, hier ist er, hier ist er!«

»Wer?«, fragte sie, indem sie rasch öffnete.

»Der Kapitän«, erwiderte der Peone.

Sie eilte in den Eingangssaal.

»Kapitän Ortega?«, rief sie aus. »Wo ist er?«

»Es ist allerdings ein Kapitän, liebes Fräulein«, sagte ein Kavalier, der in demselben Augenblick in das Zimmer trat, »aber nicht derjenige, den Sie vermuten.«

»Kapitän Guichard!«, rief sie überrascht aus.

»Freilich, ja«, antwortete der Marseillaise heiter und liebkoste den Hund, welcher sich an ihm rieb.

»Guten Tag, Señorita, wie befinden Sie sich? Ich stelle Ihnen hier Meister Hoursot, meinen Gehilfen, vor, einen sehr würdigen Mann, der nur den einen Fehler hat, immer durstig zu sein. Ich gestehe, dass es mir in diesem Augenblick fast wie ihm geht.«

»Der gute Kapitän Guichard«, sprach das junge Mädchen, indem es ein freundliches Gesicht zeigte. »Ich freue mich aufrichtig, Sie zu sehen. Seien Sie willkommen, ebenso wie Ihr Freund. Wollen Sie sich erfrischen?«

»Ich gestehe Ihnen, Señorita, dass ich dies mit Vergnügen tun würde. Ich habe soeben einen verteufelten Ritt gemacht und dabei mehr als eine Arroba[1] Staub verschluckt, nicht wahr, Meister Hoursot?«

»Tatsache ist, Kapitän, dass wir viel davon verschluckt haben«, erwiderte der Leutnant.

Das junge Mädchen eilte geschäftig, den beiden Seeleuten alles vorzusetzen, was sie bedurften, um ihren Durst zu stillen. Dann, als beide bequem am Tisch saßen, mit gefüllten Gläsern vor sich, nahm Marcela die Unterhaltung wieder auf.

»Durch welchen glücklichen Zufall sind Sie hier, mein guter Kapitän?«, fragte sie.

»Nicht zufällig, Señorita«, antwortete er, indem er sein Glas

[1] Spanisch-portugiesisches Flüssigkeitsmaß; entspricht ca. 10 bis 15 Litern.

emporhob, »ich bin im Gegenteil eiligst gekommen. Auf Ihre Gesundheit!«

»Auf die Ihrige ebenfalls, Kapitän!«

»Hm«, meinte er und setzte sein Glas wieder nieder, »dieser Pulque[1] ist gut, aber ein wenig schwach. Ich werde ihn mit etwas Refino versetzen, das wird ihm Geist geben. Apropos, ich habe dort draußen sieben oder acht meiner Leute, wenn Sie ihnen etwas zur Erquickung geben könnten …«

»Sie haben schon, was sie bedürfen.«

»Ein wahres Haus Gottes!«, rief der Kapitän aus. »Sie sagten also, Señorita? …«

»Ich sagte nichts. Im Gegenteil, Sie sprachen.«

»Ganz recht, ich erinnere mich.«

»Haben Sie nicht Don Marcos heute Nacht gesehen, mein guter Kapitän?«

»Es sind höchstens drei Stunden her, dass ich Don Marcos verlassen habe. Ich habe sogar noch heute Morgen mit ihm eine Zusammenkunft.«

»Ah, Sie haben ihn gesehen?«, fragte sie.

»Wir haben sogar lange Zeit miteinander geplaudert«, versetzte er mit schlauer Miene.

»Und war er allein?«

»Wie, allein! Er hatte im Gegenteil ein Dutzend entschlossene Burschen bei sich.«

»Nein, ich wollte sagen, begleitete ihn ein Fremder?«

»Was das anbetrifft, nein. Ich habe keinen Fremden gesehen.«

Das junge Mädchen erbleichte sichtlich.

»Er hat mir nur einen seiner Freunde vorgestellt, einen angenehmen jungen Mann, der mir sehr gefällt«, fuhr der Kapitän unerschütterlich fort. »Er heißt Don Albino, glaube ich.«

»Ah!«, meinte das junge Mädchen mit einem Seufzer der Erleichterung. »Ah! Er war bei ihm?«

»Freilich, da er ihn mitgebracht hatte. Übrigens, Señorita,

[1] Alkoholisches Getränk aus vergorenem Agavensaft.

müssen Sie den Grund meines Besuches erfahren. Ich komme, Sie abzuholen.«

»Mich abzuholen, Kapitän? Um wohin zu gehen? Sie wissen wohl, dass ich in Abwesenheit von Don Marcos nicht ausgehen kann.«

»Das ist gerade die Sache, Señorita, es handelt sich einfach darum, dass Sie sich zu ihm begeben.«

»Mich zu ihm begeben! Und aus welchem Grund?«, fragte sie erstaunt.

»Danach fragen Sie mich zu viel, Señorita. Ich weiß es nicht, aber wenn Sie einwilligen und mir die Ehre erweisen wollen, mir zu folgen, so werden Sie es sogleich erfahren, denke ich. Don Marcos ist nicht der Mann, unüberlegt zu handeln.«

»Müssen wir sehr weit gehen, Kapitän?«

»Etwa eine Meile, höchstens anderthalb Meilen. Ich habe eine Zusammenkunft mit Don Marcos in dem Chaparral der Punta de Cabra. Sie sehen, das ist ein Spaziergang. Und nun, wenn Sie genug Vertrauen zu mir haben, um meine Begleitung anzunehmen, stehe ich zu Diensten.«

Das junge Mädchen war nachdenklich geworden.

»Es sei«, sagte sie. »Ich bitte Sie nur um einige Minuten, um mich bereit zu machen.«

»Tun Sie das, tun Sie das, Señorita. Ich habe Zeit. Ah, hören Sie, haben Sie nicht von Kapitän Ortega gesprochen? Nun, es ist wahrscheinlich, dass Sie ihn auch sehen werden.«

Das junge Mädchen warf einen fragenden Blick auf ihn, aber er tat, als bemerkte er ihn nicht.

»Gehen Sie, Señorita«, sagte er. »Meister Hoursot und ich werden trinken, während wir Sie erwarten.«

Doña Marcela verließ ganz träumerisch den Saal. Der Kapitän und der Leutnant fuhren ruhig in ihren ernsten Angriffen auf die vor ihnen stehenden Flaschen fort.

Nach kaum einer Viertelstunde erschien Marcela wieder. Sie war bereit. Die beiden Seeleute hatten die Zeit gut genutzt. Alle Flaschen waren leer.

»Brechen wir auf«, sagte der Kapitän.

Sie traten hinaus.

Auf einen Wink des Marseillaisen bestiegen etwa zehn Seeleute, welche er mit sich geführt hatte und die bewaffnet waren, ihre Pferde.

Lindo war zugleich mit seiner Gebieterin hinausgegangen. Als er sah, dass sie sich auf ein für sie bereitgehaltenes Pferd schwang, ließ er ein freudiges Bellen hören und machte Sprünge um das Tier, indem er sich auf seine Hinterpfoten emporrichtete, um seine Gebieterin zu liebkosen.

Diese wollte ihn in das Haus zurückkehren lassen.

»Bah, lassen Sie das gute Tier mitkommen«, sagte der Kapitän endlich. »Warum es einschließen? Es ist so glücklich, Ihnen folgen zu dürfen.«

»Nun, ich willige ein. Komm, Lindo, und sei artig!«, sprach Doña Marcela.

Der Hund stieß ein Freudengeheul aus und schoss wie ein Pfeil davon. Die Reiter folgten ihm im Galopp.

9. Lindo

Das Boot der Schmuggler erreichte, kräftig fortbewegt durch seine zwölf Ruderer, die Küste gegen achteinhalb Uhr[1] morgens und landete bei einem ziemlich weit vorspringenden Vorgebirge, die Punta de Cabra genannt, in einer kleinen sandigen Bucht, wo schon ein anderes Fahrzeug auf den Strand gelaufen war.

Dieses Boot war das der »Keuschen Susanne«. Die Masten und Ruder waren auf den Sand geworfen worden, mehrere Wachposten der Zollbeamten standen um dasselbe herum.

Ein wenig abseits befand sich eine Gruppe von einigen dreißig Seeleuten und Schmugglern, die im Kreis auf dem Sand saßen, rauchten und miteinander plauderten, ohne sich, wie es schien, um die Steuerbeamten zu bekümmern, welche, in einer

[1] 8:30 Uhr.

Anzahl von ungefähr fünfzig Mann, sie bewachten und von einem Offizier befehligt wurden, der leicht an seinen Goldstickereien und seinem betressten, mit Federn besetzten Hut zu erkennen war.

Ein Dutzend Maultiere, an Pfählen befestigt, standen mit gesenktem Kopf neben einer Anzahl Ballen, die mit einer gewissen Symmetrie aufgeschichtet waren und von zwei Posten sorgsam bewacht wurden.

Die unvermutete Ankunft des Schmugglerbootes verursachte eine gewisse Aufregung unter den verschiedenen Gruppen, von denen wir gesprochen haben, und war der Anlass zu einer Menge von Mutmaßungen.

Die Seeleute hatten sofort erkannt, dass die Ankommenden ihre Freunde waren. Allein die Anwesenheit des Kommandanten und des Zolladministrators unter ihnen schien ihnen unerklärlich. Die Douaniers dagegen, denen die neu Angekommenen aus vielen Gründen sehr verdächtig waren, tauschten unruhige Blicke miteinander aus und hielten ihre Waffen bereit für den wahrscheinlichen Fall, dass sie angegriffen würden. Aber mehr als die Seeleute waren sie überrascht über die Gegenwart der beiden Offiziere unter den Schleichhändlern. Mit einem Wort, die Neugierde war unter den Seeleuten und Mexikaner gleich lebhaft erregt.

Nach dem Rat des Kapitäns Ortega hatte Don Remigo Valdez dem diensttuenden Offizier die Order erteilt, die Schmuggler zu überraschen und bis zu einem neuen Befehl in der Punta de Cabra zu bleiben, die Gefangenen aber nicht aus den Augen zu lassen. Der Kommandant des Kreuzers, welcher seine Pläne hatte, wollte imstande sein, dem Kapitän seine Ware wiederzuerstatten, wenn er sich gütlich mit ihm einigte. Wie man sieht, hatte der Erfolg seine Erwartungen gekrönt.

Kaum war das Vorderteil des Fahrzeuges auf den Sand gelaufen, so sprangen die beiden Mexikaner an Land.

Der Offizier der Douane eilte ihnen entgegen.

»Kapitän«, sagte Don Remigo Valdez würdig zu ihm, »wir sind durch falschen Rapport getäuscht worden, das Steuerpatent dieser braven Seeleute ist vollkommen ordnungsmäßig. Wollen Sie ihnen also gleich die Freiheit wiedergeben, damit sie ihre Waren führen können, wohin es ihnen beliebt. Entschuldigen Sie uns wegen des bedauernswerten Missverständnisses, welches jedoch von Neuem beweist, mit welcher Wachsamkeit und Treue die Regierungsbeamten ihre Pflicht zu erfüllen wissen.«

Nach dieser Rede, durch welche niemand getäuscht, die aber lebhaft applaudiert wurde, wandte sich Don Remigo an Don Marcos, der unbeweglich und nachdenklich neben ihm stand.

»Sind Sie befriedigt, Caballero?«, fragte er ihn.

»Ich danke Ihnen aufrichtig für die loyale Art, mit der Sie Ihr Wort halten, Caballero«, erwiderte der Schmuggler und verbeugte sich mit besonderer Höflichkeit.

Auf Befehl des Mautoffiziers waren die französischen Seeleute und die Schmuggler freigegeben, die Waffen und Waren ihnen wieder erstattet worden und die Douaniers hatten ihre Pferde bestiegen.

»Beladet die Maultiere«, befahl Don Marcos.

»Kann ich mich nun entfernen, Señor?«, fragte Don Remigo.

»Ich bitte Sie, Señor, noch einige Minuten zu verweilen, ebenso Señor Ortega.«

Die Bitte Don Marcos' war ein Befehl. Der Administrator und der Kapitän verstanden es so und machten keine Einwendung. Don Remigo war darüber ziemlich beunruhigt. Dagegen blieb Ortega kalt und ruhig.

Die Maultiere waren in einem Augenblick beladen.

»Brecht auf«, befahl Don Marcos.

Und da Don Stefano im Begriff war, sich mit den Schmugglern zu entfernen, welche die Waren eskortierten, sagte er freundlich zu diesem:

»Verzeihen Sie, lieber Don Stefano, ich bitte Sie noch zu verweilen. Zehn Mann genügen.«

Der Leutnant blieb ungeachtet der freundlichen Worte seines Anführers mit ziemlich unruhiger Miene stehen.

Sobald die Maultiere fort waren, mischten sich die französischen Seeleute, nachdem sie drei der Ihrigen zur Überwachung der Boote zurückgelassen hatten, unter die Schleichhändler.

Die Douaniers standen noch immer unbeweglich in einiger Entfernung.

Don Marcos neigte sich zu Don Albino und sprach einige Minuten leise mit ihm.

Sicherlich war alles bis zu diesem Augenblick mit der vollkommensten Höflichkeit zwischen den Douaniers und den Schmugglern verhandelt worden. Indes empfanden alle, vom Ersten bis zum Letzten, eine unbestimmte Unruhe, die sie sich nicht erklären konnten. Trotz der liebenswürdigen Miene, welche Don Marcos annahm, weissagten seine bleiche Stirn und die düster zusammengezogenen Brauen den Sturm für die, welche ihn kannten.

Don Albino war ohne Aufsehen neben Don Stefano Lobo getreten und hatte eine Unterhaltung mit ihm begonnen, die der Schmuggler – wir müssen ihm diese Gerechtigkeit widerfahren lassen – nur sehr zerstreut führte, denn sein Gewissen war durchaus nicht ruhig.

»Meine Herren«, sprach Don Marcos, »da unser Weg beinahe derselbe ist, so lassen Sie uns, mit Ihrer Erlaubnis, eine kurze Strecke zusammen zurücklegen.«

»Dies wird ein Vergnügen und eine Ehre für uns sein«, antwortete Don Remigo unterwürfig.

»Verzeihen Sie, mein Herr«, sagte der Kapitän und trat rasch einige Schritte vor. »Wenn es dem Señor Don Remigo Valdez beliebt, Sie zu begleiten, so ist das seine Sache. Er hat vollkommene Freiheit, nach seinem Gefallen zu handeln, ich aber muss Ihnen offen gestehen, dass ich hierhergekommen bin, um die festgesetzten Bedingungen zu erfüllen. Nun, da alles zwischen uns geordnet ist, rufen mich andere Pflichten und gestatten mir nicht, länger in Ihrer Gesellschaft zu verweilen, so ehrenwert dieselbe auch außerdem sein mag.«

Ein zufriedenes Lächeln glitt über die hochmütigen Lippen des Schmugglers, als er diese Worte vernahm.

»Kapitän Ortega irrt sich«, sagte er sanft, »es ist noch nicht alles zwischen uns beendet. Ich ersuche ihn daher, noch einige Zeit zu bleiben.«

»Nicht eine Minute«, antwortete dieser schroff. »Ich weiß nicht, auf was Sie anspielen. Ich kenne Sie nicht.«

»Sind Sie dessen so gewiss?«, fragte der Schmuggler und blickte ihn scharf an.

»Mein Herr!«, rief der Kapitän zornig aus. »Sie beleidigen mich!«

»Ich beleidige Sie, mein Herr – und wodurch, wenn es beliebt? Vielleicht, weil ich Ihre Erinnerungen auffrischen will?«

Der Kapitän wurde leichenblass. Er wankte, wie von einer plötzlichen Betäubung ergriffen.

»Hüten Sie sich!«, rief er mit dumpfer Stimme.

»Hüten Sie sich selbst«, antwortete der Schmuggler. »Ich werde mich nicht ermorden lassen.«

Er stellte sich dem Kapitän gerade gegenüber und bedachte ihn mit einem niederschmetternden Blick höchster Verachtung.

»Meine Herren, mäßigen Sie sich, um Gottes Willen!«, rief Don Remigo. »Im Namen des Himmels, was bedeutet das?«

»Was dies bedeutet? Sie werden es gleich erfahren«, begann der Schmuggler von Neuem.

»Treten Sie alle näher!«, fügte er mit einer energischen Gebärde hinzu. »Treten Sie näher, denn Sie müssen Zeugen von dem sein, was hier vorgehen wird!«

Ein dichter Kreis bildete sich sogleich um Don Marcos.

Nur die Mautbeamten wollten durchaus beiseite bleiben. Sie sahen einen Konflikt voraus und wollten sich das Feld frei halten.

»Don Stefano Lobo«, sprach Don Marcos zu diesem, »sind Sie endlich entschlossen zu sprechen?«

»Ja, Señor«, antwortete demütig der Schleichhändler.

»Bedenken Sie, dass ich die volle Wahrheit von Ihnen erwarte.«

»Ich werde sie sagen, Señor, welche Folgen auch für mich entstehen mögen.«

»Sprechen Sie, wir hören.«

»Nun denn«, meinte Kapitän Ortega mit Verachtung, »was

kann dieser Elende sagen? Seine Worte werden einen Ehrenmann nicht erreichen.«

»Aber Sie sind kein Ehrenmann, Don Lucio Ortega!«, rief Don Marcos heftig. »Sie sind ein Mörder! – Und hier ist Ihr Mitschuldiger.«

Bei dieser blitzschnellen Anklage erhob sich ein furchtbarer Tumult, welchen Don Marcos durch einen Wink beschwichtigte.

»Ja«, fuhr er mit mächtiger Energie fort, »die Stunde ist endlich gekommen, damit Licht werde. Seit zwanzig Jahren bin ich das Opfer einer schrecklichen Verleumdung, seit zwanzig Jahren stehe ich unter der Anklage eines Mordes. Ich habe gelitten, ohne mich zu beklagen. Ich vertraute auf Gott und wusste, dass früher oder später die Stunde der Vergeltung schlagen würde. Zwanzig Jahre lang bin ich dem wirklichen Mörder Schritt für Schritt gefolgt, ohne dass es mir gelang, ihn zu entlarven. Heute liegt es in meiner Macht, Gerechtigkeit zu üben. Sprechen Sie, Stefano, sprechen Sie, ohne Furcht!«

»Lüge! Lüge!«, schrie der Kapitän wütend. »Zu mir, Soldaten! Feuer auf diese Elenden! Nieder mit ihnen! Nieder!«

»Haltet ein!«, rief Don Remigo rasch den Douaniers zu, die im Begriff waren zu laden. »Haltet ein! Ich befehle es euch!«

Die Situation war kritisch, ein Konflikt unerlässlich, die Mautbeamten hatten ihre Lanzen gesenkt, die Schmuggler ihre Flinten geladen.

Da ließ sich plötzlich rascher Hufschlag vernehmen und etwa zehn Reiter brachen sich wie ein Sturmwind Bahn durch die beiden Parteien.

Kapitän Guichard und Marcela sprengten an der Spitze der Ankommenden heran.

»Endlich!«, rief Don Marcos freudig aus, als er das junge Mädchen erblickte.

»Verflucht!«, brüllte Ortega im Paroxysmus[1] der Wut.

Und durch eine plötzliche Bewegung befreite er sich von de-

[1] Fieberschub.

nen, die ihn zurückhalten wollten, zog seinen Degen und stürzte auf Don Marcos los, den dieser rasche Angriff verteidigungslos überraschte. Mit durchbohrter Brust sank er zu Boden.

»Ah!«, rief Doña Marcela verzweiflungsvoll.

Mit einem mächtigen Satz sprang der Neufundländer auf den Kapitän los, packte ihn an der Kehle und warf ihn auf den Sand nieder.

Es herrschte einen Augenblick lang eine unbeschreibliche Verwirrung.

Die Freunde Don Marcos' waren sofort zu seiner Hilfe herbeigeeilt.

Der Hund war indessen mit so entsetzlicher Wut auf den Kapitän eingedrungen, dass man diesen nur mit großer Schwierigkeit von dem Tier befreien konnte.

»Sprechen Sie, Stefano, sprechen Sie!«, riefen alle Anwesenden.

»Ja, es muss sein«, sagte der Schmuggler. »Gott verzeihe mir, Don Lucio Ortega ist der Mörder Don Rafaels. Er liebte Doña Antonia, dessen Weib, und wollte sie ihm rauben. Ich war im Dienst Don Rafaels, ich habe Don Lucio die Tür des Rancho geöffnet. Die unvermutete Ankunft Don Marcos' hat all unsere Pläne scheitern lassen. Das ist die volle Wahrheit, ich beschwöre es bei unserer Schutzheiligen von Guadalupe und auf meinen Anteil, auf den ich einst im Paradies hoffe.«

»Oh!«, rief Doña Marcela, indem sie von ihrem Pferd sprang und auf Don Marcos zustürzte. »Verzeihung, Verzeihung, mein Vater! …«

Der Kapitän erhob sich indessen wieder. Er war grässlich anzusehen. Furchtbar entstellt durch den Kampf gegen den Hund, das Blut floss in Strömen aus zwei schrecklichen Wunden, die er an der Kehle hatte. Er hielt sich nur mit Mühe aufrecht, aber in seinen verzerrten Gesichtszügen las man den Ausdruck einer entsetzlichen Freude.

»Ja«, rief er mit durchdringender Stimme, »ja, ich liebte Antonia! Ja, ich habe ihren Gatten getötet. Ich sterbe – aber ich sterbe zufrieden, denn mein Feind wird mich nicht überleben!«

»Hm, der abscheuliche Mensch!«, rief der Marseillaise aus.

Und er nahm eine Pistole aus seinem Gürtel und entlud sie ihm gerade ins Gesicht.

Der Elende stieß ein tigerartiges Brüllen aus, sprang empor und fiel wie eine plumpe Masse auf den Sand.

Indessen umringten die Douaniers und Schmuggler Don Marcos, den die in Tränen aufgelöste bleiche Marcela in ihren Armen hielt.

»Meine Freunde«, sprach der Schmuggler mit schwacher Stimme, »ich danke euch. Eure Bemühungen sind vergeblich, ich fühle, dass ich sterben werde. Gebt Raum, ich bitte euch darum.«

Jeder wich respektvoll zurück.

»Don Albino, wo sind Sie?«, fuhr er fort.

»Hier bin ich, mein Freund«, antwortete der junge Mann traurig.

»Mein Gott, mein Gott, mein Vater!«, sagte das junge Mädchen. »Verzeih mir, ich war undankbar. Ihr wart so gut, immer so zärtlich! Oh! Ihr werdet nicht sterben, es ist unmöglich.«

»Ich sterbe, Marcela. Ich fühle es, ich habe nur noch einige Minuten zu leben. Gib mir deine Hand, und Sie, Albino, die Ihrige. Seid glücklich, meine Kinder!«

»Nein, Ihr werdet gesund werden, mein Vater. Es muss sein«, sagte Marcela wieder, durch den Schmerz verwirrt.

Don Marcos machte eine letzte Anstrengung, neigte sich an ihr Ohr und flüsterte mit schwacher Stimme wie ein Hauch:

»Marcela, ich liebe dich! Du siehst wohl, dass ich sterben muss!«

Dann sank er rasch wieder zurück und verschied.

Marcela lag ohnmächtig in den Armen Don Albinos.

»Bei Gott!«, rief Kapitän Guichard aus und fuhr mit der Hand über seine Augen. »Dieser Don Marcos war ein echter Mann.«

In gleicher Ausstattung sind die folgenden Bände erschienen:

Taschenschmöker aus Vergangenheit und Gegenwart

In der Reihe Taschenschmöker aus Vergangenheit und Gegenwart erscheinen Werke der klassischen Unterhaltungsliteratur, die seit vielen Jahrzehnten nicht mehr, oder noch niemals in deutscher Sprache verlegt worden sind.

1. *Jules Verne / Michel Verne*
   Der Humbug
   Vier Erzählungen

2. *Alexandre Dumas*
   Eine Amazone
   Zwei Novellen

3. *Gustave Aimard*
   Eine mexikanische Rache
   Eine Erzählung aus dem wilden Mexiko

4. *Jules Verne*
   Der Weg nach Frankreich
   Historischer Roman

5. *Friedrich J. Pajeken*
   In Sturm und Not
   Eine Erzählung aus dem Wilden Westen

6. *Jules Verne*
   Der Graf von Chanteleine
   Eine Episode aus der Revolutionszeit

7. *Jules Verne / Emilio Salgari / Karl May u. a.*
   Ein Drama in den Lüften
   Erzählungen aus luftigen Höhen

8. *Alexandre Dumas*
   El Salteador
   Ein Roman aus der Zeit Karls V.

9. *Emilio Salgari*
   In der Eiswüste
   Erzählungen aus arktischen Regionen

10. *Sir John Retcliffe*
    Das tote Haus
    Eine Novelle aus Düsseldorfs Vorzeit

11. *Gustave Aimard*
    Der Löwe der Wildnis
    Zwei Erzähl. aus dem wilden Mexiko

12. *Sir John Retcliffe*
    Der letzte Wäringer
    Novelle a. d. letzten Tagen Konstantinopels

13. *Emilio Salgari*
    Die Rose vom Dong-Giang
    Eine abenteuerliche Novelle aus Cochinchina

14. *François-Édouard Raynal*
    Die Schiffbrüchigen
    Zwanzig Monate auf den Aucklandinseln

15. *Alexandre Dumas*
    Die Taube
    Ein Briefroman

16. *Edgar Wallace*
    Der Geist von Down Hill
    Zwei Kriminalkurzromane

17. *Sir John Retcliffe*
    Nach Cayenne!
    Eine historisch-politische Novelle

18. *Philip Francis Nowlan*
    Armageddon 2419
    Eine Science-Fiction-Erzählung

19. *Jules Verne*
    Ein Lotterielos
    Eine norwegische Geschichte

20. *Max Eschner*
    An der Pazifikbahn
    Eine Erzählung aus dem Wilden Westen

21. *Alexandre Dumas*
    Ein Maskenball
    Vier Novellen

22. *Max Eschner*
    Das Zaubergewehr
    Zwei Erzählungen aus dem Wilden Westen

23. *Henry Rider Haggard*
    Smith und die Pharaonen
    Zwei fantastische Erzählungen

24. *Jules Verne / Emilio Salgari / Karl May u. a.*
    In Eis und Schnee
    Eisige Erzählungen

– Weitere Bände in Vorbereitung –